做好你的热身

热身运动

优化运动表现与延长运动生涯的热身训练系统

[英] 伊恩·杰弗里斯（Ian Jeffreys） 著 杨斌 刘超 管筱筱 译

人民邮电出版社

北京

图书在版编目（CIP）数据

热身运动：优化运动表现与延长运动生涯的热身训练系统 /（英）伊恩·杰弗里斯（Ian Jeffreys）著；杨斌，刘超，管筱筱译. -- 北京：人民邮电出版社，2020.5

ISBN 978-7-115-53537-5

Ⅰ. ①热… Ⅱ. ①伊… ②杨… ③刘… ④管… Ⅲ. ①运动训练-准备活动 Ⅳ. ①G808.1

中国版本图书馆CIP数据核字（2020）第039340号

版权声明

免责声明

本书内容旨在为大众提供有用的信息。所有材料（包括文本、图形和图像）仅供参考，不能用于对特定疾病或症状的医疗诊断、建议或治疗。所有读者在针对任何一般性或特定的健康问题开始某项锻炼之前，均应向专业的医疗保健机构或医生进行咨询。作者和出版商都已尽可能确保本书技术上的准确性以及合理性，且并不特别推崇任何治疗方法、方案、建议或本书中的其他信息，并特别声明，不会承担由于使用本出版物中的材料而遭受的任何损伤所直接或间接产生的与个人或团体相关的一切责任、损失或风险。

内 容 提 要

本书是全面介绍热身运动的实用指南。全书从为什么要热身讲起，阐明了传统的常规热身存在的问题，并重新评估了热身的目标和价值，进而引出热身的RAMP系统。这个系统包含提升（Raise）、激活（Activate）、调动（Mobilize）和增强（Potentiate）四个阶段，通过每个阶段的训练，不仅可以在单次运动中，更重要的是能长期提升热身效能，实现运动能力的发展和运动表现的提升。同时，书中为每个阶段都设计了有效的热身计划，帮助教练、运动员和运动爱好者合理高效地开展热身运动。

◆ 著　　　　[英] 伊恩·杰弗里斯（Ian Jeffreys）

　　译　　　　杨　斌　刘　超　管筱筱

　　责任编辑　寇佳音

　　责任印制　周昇亮

◆ 人民邮电出版社出版发行　　北京市丰台区成寿寺路 11 号

　　邮编　100164　　电子邮件　315@ptpress.com.cn

　　网址　https://www.ptpress.com.cn

　　北京七彩京通数码快印有限公司印刷

◆ 开本：700×1000　1/16

　　印张：13　　　　　　　　　　2020 年 5 月第 1 版

　　字数：186 千字　　　　　　　2025 年 8 月北京第 13 次印刷

　　著作权合同登记号　图字：01-2019-3982 号

定价：78.00 元

读者服务热线：(010)81055296　　印装质量热线：(010)81055316

反盗版热线：(010)81055315

致两位特殊的人——我的父亲约翰（John）和岳父格伦（Glenn），他们已经离开了人世。我们每时每刻都在思念他们，感谢他们留给我们的美好回忆。

目　录

第 1 章　**为什么要热身**　　　　　　　　　　1

热身的理由 1·热身的生理学 2·热身的心理原因 4·热身的潜在净效应 5·热身与降低受伤风险 6·优化热身 7

第 2 章　**热身的新思路**　　　　　　　　　　9

传统的常规热身和专项热身 10·重新评估热身的目标和价值 11·热身的新目标 12·比赛热身与训练热身 13·传统热身的问题 14

第 3 章　**热身的 RAMP 系统**　　　　　　　17

系统化方式 17·运动能力 18·实现运动发展 19·RAMP 系统 19

第 4 章　**提升阶段**　　　　　　　　　　　27

活动的进阶过程 27·提升阶段的热身类型 29·规划提升阶段 50

本书具有可配合图书一起使用的同主题视频课程，详情请关注"人邮体育"平台。

视频课程与图书中的部分内容可配合使用。

视频课程为独立知识产品，本书定价中不含视频课程。

前　言

运动表现取决于生理、心理、技术和战术等因素之间复杂的相互作用。虽然这些因素之间的相对平衡取决于具体的体育运动，但是在比赛情景下的高效运动能力是决定运动员最终胜利的一个关键因素。高效运动能力往往是普通与良好、良好与优秀、优秀与世界一流之间差异的关键所在。显然，高效运动能力的开发应当是所有运动发展计划的关键目标。然而，许多运动员并没有经过结构化和顺序性的运动发展培养。

毫无疑问，培养具有出色运动技巧的运动员是一项富有挑战的任务。体育活动中的高效运动需要稳定性、机动性、发力能力、协调性、速度和敏捷性的巧妙结合，所有这些元素还要与该项体育活动所需的精确的技术要求和战术要求相结合。一个更为重要的考虑因素是，上述所有组成元素不但需要生理基础，还需要技巧基础，并且与所有的技巧一样，需要通过相当多的有一定顺序的针对性练习来长期培养。教练面临的一项挑战是：如果要考虑运动员运动的每个方面并将它们融入一个恰当的发展系统中，将会大幅度地延长训练时间，并增加其疲劳感和时间成本。时间问题通常是教练和运动员实施全面运动发展计划的最大障碍。

然而，假如存在一个可以在不增加训练时间的前提下开发所有所需元素的系统呢？这样的系统将会显著革新整个训练，使我们能够培养出具备出色的基本运动能力的运动员，他们在所从事的任何体育专项中都能表现突出。这样的系统存在已久，并且是对训练中的热身环节的重新思考。几乎每个人都会热身，但是对大多数人来说热身的这段时间通常是被浪费的，除了简单地为下一个训练环节做准备之外，他们的热身对整个运动发展几乎没有影响。我们需要转变思维模式，教练和运动员不能将热身仅仅看成是正式训练的准备活动，而要将其视为每次训练中不可或缺的一部分。正如主体训练计划一样，热身也需要系统计划，这样不但能最大限度地提升本次训练的运动表现，还能将其视为长期运动发展规划的一部分。传统的热身需要重新调整，我们需要用 RAMP 系统来提升热身效能。RAMP系统包含提升（Raise）、激活（Activate）、调动（Mobilize）和增强（Potentiate），它通过开发在体育运动中表现出色所需的技术和运动能力来提升运动表现，不仅在单次运动中提升，更重要的是能长期提升。使用 RAMP 系统能够让我们合理、有序、有效地一步步培养出更优秀的运动员。

致 谢

本书是多年试验和探索的结果。感谢在这一探索之旅中我有幸教过的所有运动员，他们对试验的热情和意愿使本书的出版成为可能。同样还要感谢多年来帮助我应用该系统的所有教练。

非常感谢 Human Kinetics 出版社的罗杰·厄尔（Roger Earle）。他始终大力支持我的工作，如果没有他，本书便无法完成。感谢他多年以来给予我的友谊和支持。还要感谢安妮·科尔（Anne Cole）在编辑过程中所做的工作，并感谢所有参与过摄影和摄像的人，包括 Human Kinetics 出版社的员工道格·芬克（Doug Fink）、艾米·罗斯（Amy Rose）、杰森·艾伦（Jason Allen）、格雷格·海尼斯（Gregg Henness）和罗杰·厄尔以及模特格蕾丝·比奇（Grace Beach）、帕克·弗朗西斯科（Parker Francisco）和梅尔文·戈尔米诺（Melvin Germino）。

我最感谢的是我的妻子凯瑟琳（Catherine）和儿子詹姆斯（James），是他们让我有了创作的灵感，并一直给予我支持。他们让我更加坚定，并营造了良好的环境支持我创作，这一点非常关键。对他们的谢意难以用语言表达。

引 言

在一个对体能训练的许多要素意见多元化的世界中，热身原则却几乎是被普遍接受的。很少会见到运动员（不论是哪种水平）在不做任何热身活动的前提下就去锻炼或参与体育比赛。尽管热身活动的形式多样，但显而易见的是，大家都普遍认同热身应当作为训练的一个环节，并且绝大多数运动员和教练都不愿在不做任何热身活动的情况下进行运动。

然而，一旦揭开了表象，看似一致的景象就会彻底改变。当考虑热身所使用的具体动作时就会发现，它们相差甚远，并且使用的方法也各不相同。类似地，当考虑这些热身动作的总体效果时就会发现，它们之间存在大量相互矛盾的信息。因此，尽管热身的一般概念被广泛认可，但是热身的根本原因，尤其是有效的热身活动应当由哪些元素组成，仍然不明确。

尽管有关热身的科研成果在不断涌现，但事实是，运动员和教练通常只做他们习以为常的那些热身动作。类似地，当被问到为什么要热身时，他们通常会给出一些非常大众化的理由，大多集中在降低受伤风险或增强后续运动表现方面。在如今这个获取信息比以往任何时候都更容易的时代，这个答案还不够好。我们需要不断地、彻底地考察训练的所有要素，不断寻找更好的方式。

这一点为何重要呢？有效的热身活动是训练效果和训练效率的重要影响因素。时间是运动员和教练所拥有的最宝贵的资源之一，必须使他们的时间价值最大化。考虑到在一个训练周期中运动员花费在热身活动上的时间量，累计一整年乃至其整个运动生涯，运动员花费在热身活动上的总时间量非常巨大，这些时间是相当宝贵的训练资源。然而，如前所述，大部分教练和运动员将热身重点放在了增强后续运动表现和降低受伤风险上，他们对热身活动的关注几乎总是短期性的。若只注重短期结果，那么我们很可能错过热身的最大价值，即长期提升运动表现。从长期视角去看待热身，一个简单的动作就可能是我们为优化热身计划做的最大改变。

显然，鉴于该段训练时间可能同时积极影响短期及长期运动表现，我们亟须评估当前所采用的热身训练计划并慎重考察用于热身的这段时间是否高效。这个评估依然应当注重热身的短期效果，但同时应当考虑它长期促进运动表现的潜在益处。这种同时考虑短期、中期和长期效果的新思路彻底改变了编制热身训练的基础思维逻辑。现在，我们需要将热身看作运动员训练不可或缺的一部分，它不仅能够带来当下的训练益处，而且还是促进整个运动生涯发展的关键工具。实际上，该方法彻底革新了我们对热身计划的看法，并引领我们探索无限的可能性。

有趣的是，虽然大家普遍认同热身是每次训练中不可或缺的一个环节，但传统热身过程竟极少被优质科研调查作为研究对象。因此，即使热身仅被视为当下某次训练的准备活动，许多被普遍认可的热身训练也更多基于假设而非真实证据。这已经导致越来越多的教练开始质疑传统观念，并去研究各种能够优化热身计划的方法。如今热身计划正在逐渐演变，并且新的科学研究和实践证据正被整合成能显著优化运动员热身计划的方法。优化进程已经开始，但是到目前为止几乎全部的重点仍然停留在提升短期表现上。只有当我们学会平衡短期需求与长远考虑的时候，真正的转变才会出现。

显然是时候采用一种全新的思维模式重新评估并修正我们的热身活动了。我们需要拓宽视野，不仅仅将热身看作是准备活动，而是将其视作训练体系中的重要一环，通过系统的计划来优化短期及长期的运动表现。本书为教练和运动员提供了这样一个工具：热身的 RAMP 系统。借助这个结构体系，热身活动中每个有针对性的环节都能实现效用最大化，从而使运动表现最优化。此外，该系统除了可以让所采用的热身活动优化下一个训练环节的运动表现外，还能通过开发基础竞技能力的方式为运动员的长期发展做出关键贡献。RAMP 系统的另一个关键优势是其适应性，利用该系统提供的结构体系，教练和运动员将能够开发出符合独特运动情形的热身活动。实际上，RAMP 系统最大的优势在于其所提供的体系，该体系为教练和运动员提供了一个有力且灵活的工具，他们可以借此强化自己的训练。本书将会提供大量有效热身的示例，但本书所提供的只是 RAMP 结构下的示例而已，我们鼓励教练和运动员在该结构体系内大胆尝试，开发出针对自己专项运动表现的热身训练。是时候用 RAMP 系统来给我们的热身充充电了！

插图说明

● 运动员

▲ 圆锥筒

▬ 训练袋

⟶ 运动员移动

⤍ 侧滑步

⋯► 后退

〰► 交叉步跑

第1章

为什么要热身

时间是教练和运动员所拥有的最宝贵的资源之一，应当明智地加以运用。运动表现是多方面的，需要持续地对体能与技能进行大量训练。因此，高效性和有效性在优化训练效果方面至关重要。效率是耗费最少的时间和精力来完成某件事情的能力。然而，若是没有效果就无法实现真正意义上的效率，效果是某项活动实现既定目标的程度。因此，为了让训练尽可能高效和有效，运动员整体训练计划中的每个组成部分都要有合理的被纳入整体计划的理由、明确的目标，要能促进运动员的全面发展，并应确保在执行时耗费的时间和精力最少。热身也是同样的道理，因此首要的关键任务是弄清楚热身是否有益于运动表现，即是否有必要将其安排在运动员的训练计划之中。

要想证明热身的必要性，需要明确热身为提高运动表现带来的显著成效。明确这些显著成效是我们接下来花费时间和精力去解决高效性和有效性问题的前提。需要注意的是，这个证明过程要立足于确凿证据，而非仅仅基于道听途说和习惯做法。实际上，对待训练中的每个环节都需要有这种发掘行为背后的理论依据的精神。不论是单个训练周期，还是整体训练计划，教练都要能给出其中每个环节存在的必要性。

热身的理由

热身的理由很多，但通常可归为两大类。

1. 优化后续训练中的运动表现。

1

2.降低受伤的风险。

调查以上两个理由是否有证据支持就成了重要的第一步。

一个简单的科学事实是，身体的每个生理动作都会影响随后所有的动作，因此没有哪个动作是完全孤立的。我们所执行的每项活动都将会影响后续所有活动，这个影响可能是积极的、中性的或消极的。热身显然应当以积极影响后续表现为目标，同时应避免那些具有消极影响的动作。实际上，即便是具有中性效果的动作通常也应当避免，因为它们是无效的，它们耗费了时间却对提升运动表现毫无益处。因此，热身应当由已被证实能积极影响运动表现的动作组成。不过，需要重点指出的是，RAMP 系统中的中性动作是一个例外，也正是这个例外让 RAMP 理念与众不同——如果一个动作具有长远效益，即便当下只产生中性效益，也可以包含在热身活动中。本书之后将详细讨论这一点。

热身的生理学

支撑热身理念的关键理论依据是，处于静息状态的身体未能为最佳运动表现做好准备。身体静息时，一系列生理机制所处的水平远低于最佳运行水平。试着观察需要突然启动中等或高等运动强度的动作，例如奔跑避雨，就能很好地证明这一点。如果用数据去量化一个人在该动作中的运动表现，这个数字将远远低于这个人可以达到的最高水平，并且其净能量消耗要远大于这个人有准备的时候，这一点可由奔跑之后的需氧程度证明。这是热身理念的核心所在：处于静息状态的身体没有为运动做好准备，热身的本质是让身体为特定的活动做好准备。热身的基础原理是，所有的身体动作都会对身体本身产生即时的强烈影响。身体将会控制各个身体系统，对运动强度的增加做出反应，以使身体能够应对额外的要求。这些身体系统生来就是为了让身体可以适应运动强度的增加，并且热身的本质就是控制这些身体系统来引发身体对于运动强度增加的适应，从而提升运动表现。多系统共同效应是一个重要的概念，因为许多身体系统都有助于运动表现，而每种身体系统的重要性取决于每次所做的动作的本质。因此，热身的效果应当始终根据要做的动作来进行评估，不能仅根据单个参数来评估。由于所有热身活动都会对多种身体系统产生即时影响，并且对后续运动表现的影响有积极、中性和消极之分，因此我们需要全面而非孤立地考虑其效果。然而，尽管受到热身活动影响的身体系统很多，但其效果通常可分为两类：与体温相关的和与体温无关的。

所有的热身活动都会引起能量消耗的增加，而这些新增的能量消耗会转化为热量。因此，热身活动的一个明显效果是体温的净升高。反过来，体温升高会对身体产生积极的影响，提高身体在很多运动中的表现，原因是体温会影响多个身体系统，从而影响后续运动表现。随着活动强度的增加，肌肉温度会出现净升高，最终运动员的核心温度会出现净升高。这种肌肉温度的升高有助于增加肌肉组织的弹性，从而潜在加大了动作幅度。体温升高具有降低肌肉内流动阻力的净效应，使肌肉可以更加自由、有效和高效地运动；还会提高肌肉神经激活的质量，从而使肌肉收缩更迅速，主动肌和拮抗肌放松更快，这两点对提升运动速度至关重要。这些反应会导致运动员力量和爆发力的增加，并潜在提高其运动速度。与肌肉收缩相关的一个有趣现象是阶梯效应——肌肉每次收缩都会影响其后续收缩。肌肉最初受到刺激发生收缩时产生的力要显著低于后续热身中产生的力。人们认为这是由于肌肉肌浆网中钙离子的可用量增多，反过来又在肌动蛋白纤维上暴露出更多供横桥连接使用的活跃位置，这具有增大后续肌肉收缩产生的力的净效应。该净效应与训练的强度有关，因此对于需要最大肌肉收缩的运动，在运动前就应该让肌肉逐渐增大收缩强度。换言之，如果运动员希望在后续环节或比赛中发挥肌肉的最大强度，那么在热身期间就需要逐渐将训练强度增加至最高水平。

与所有的身体系统一样，平衡至关重要。尽管体温升高通常有助于运动表现，尤其是在温和的气候下，但是过高的体温可能会产生消极的影响：身体系统遭到过多的热量的压迫，不得不开启冷却系统，由此血液会转而流向外层，比如皮肤，并且出汗会增多，以利用蒸发的冷却效应使体温降低。在这种情况下，热量过多会对运动表现产生消极影响，所以热身活动中与体温相关的益处也需要结合环境状况及训练持续时间来共同考虑。显然，没有哪种热身方案可以通用于一切情况。

热身活动还会为后续运动表现带来与体温无关的潜在有益效应。其中之一是为能量供应提供潜在的益处。身体会储存高能量物质，主要是 ATP（三磷酸腺苷）和 ATP-PCr（磷酸肌酸），这些物质随时可被用于即时运动。当一个人开始运动时，无论运动强度如何，这些无氧储备总是最先被使用。然而，这对于整体能量输出而言是低效率的，并且仅能够短时间地维持运动。在初始运动期间，随着这些物质被使用，工作肌肉中的二氧化碳生成量将会出现初始增加。二氧化碳是一种对身体有害的物质，它的积累会引发一种反应，即身体通过心肺系统将增加的二氧化碳排出体外。这将导致呼吸速率和呼吸深度的增加以及血液直接向工作肌肉流动。这样，有氧能量系统将会被逐渐激活，输送至工作肌肉的氧气将会增多，而二氧化碳从工作肌肉的排出量也会相应增加。虽然血流的转移与体温无关，但是在工作肌肉中，较高的肌肉温度有助于氧气从血红蛋白和肌红蛋白中被释放。虽然从技术上讲，与体温相关和与体温无关的机能可以分离开，但是它们在功能上的重要性却紧密相连，每种机能都有助于增强运动表现。工作肌肉中血液循环量和氧气输送量的净增加以及对 ATP 生成的要求将会直接导致在产生运动的肌肉细胞的关键机制中新陈代谢反应的增强。

这些生理机能综合反映出，我们需要用强度相对较低的运动开始热身，再随着能效的增加而逐渐增加运动强度以激发更多的神经肌肉效应。这便是热身的生理学基础，在此基础上对热身活动进行有效的组织将有助于提高后续运动表现的质量和效率。

热身的心理原因

最佳运动表现绝不仅仅取决于生理，运动员还必须为之做好心理准备。运动员的心理准备程度取决于他们对所面对任务的认知。精心编制的热身活动有利于运动员做好心理准备。然而我们或许可以说，传统热身活动中所用的许多方法，比如扩展性有氧运动和大量的静态伸展，对满足热身的心理需求毫无作用。实际上，运动员在进行这些热身活动时心不在焉的情况并不罕见。

一定要记住，运动员是在为一场竞技比赛或某一个训练环节做准备。为此，热身需要充分地满足这场比赛的技术要求或这个训练环节的生理前提。这样，热身便需要具备技术方面的要素，尤其是赛前的热身。事实上，热身的生理、心理和技术准备之间的平衡取决于体育运动的类型、运动员的个人需求以及其正在进行的热身类型。重要的是，热身需要从多种角度综合考虑，而不能仅从生理角度去优化。本书在后面将会更加详细地讨论这些因素。

此外，心理和生理因素之间还存在着错综复杂的联系。这种联系存在于多种层面上，并且经典地体现在了"或战或逃反应"之中，在该反应中，压力会导致以儿茶酚胺激素分泌增多为特点的心理状态变化，从而影响生理表现的水平。因此，谨慎控制热身过程，使运动员的心理状态达到最佳水平非常重要。尽管这通常要求运动员提高兴奋度，但是我们同时还需要记住，对于某些参加比赛的运动员，在某些情况下可能需要降低他们的兴奋度。

热身的潜在净效应

综合来看，生理和心理机制具有提升以下方面的表现的潜力。

- 力量和爆发力表现。
- 速度和敏捷性表现。
- 耐力表现。
- 柔韧性和灵活性表现。
- 对后续活动的心理准备。
- 技术表现。

　　显然，有效的热身具有生理、技术和心理三大基础。因此，如果运动员的目标是优化后续运动表现，那么精心编制和执行到位的热身活动是训练环节的一个重要组成部分。

热身与降低受伤风险

　　尽管热身能提升运动表现的生理学基础非常坚实，但是关于热身能减少受伤的支持性证据却不太明确。实际上，几乎没有直接证据证明热身会降低受伤风险。然而，根据生理学证据可以提出一种基本原理——对于训练的动作幅度稍大于日常动作幅度的运动员而言，通过热身所实现的肌肉弹性的增加及功能性动作幅度的增大会降低其肌肉撕裂的风险。类似地，肌肉收缩的力量和爆发力潜能的增加会降低需要使用巨大力量时肌肉受伤的风险。所以，虽然几乎没有直接证据表明热身对减少受伤有积极影响，但是也没有证据表明它有消极影响（除非热身导致过度疲劳或后续体能水平降低；如果热身设计合理并执行到位，这种情况是不可能出现的）。重要的是，能够导致生理功能增强的热身机制可以引发一些有可能降低受伤风险的机制（发力能力的提高、动作幅度的增大以及更高的效率等）。综上所述，编制合理的热身对降低受伤风险可能具有较小的积极影响或者至少中性的影响。

　　然而，在文献中变得越来越明确的是，热身对于受伤风险的降低更多地来自运动表现中与体温相关的方面，而与在热身活动中进行的静态伸展没有联系。静态伸展看起来对减少受伤几乎没有影响，所以它们在热身中的作用需要根据其对运动表现以及效率和效果的影响单独评估。

　　重要的是，总的来说，旨在提高运动表现的热身本身就能解决与受伤风险相关的问题。因此，热身的关注点应当放在增强运动表现上，而非降低受伤风险上。由此，热身计划应当始终围绕选择增强运动表现的机制，而非降低受伤风险的机制。这样我们就可以将重点放在识别最佳的热身方法上，并拥有了一种评估众多传统热身方法的新方式。

优化热身

　　既然已经明确了热身活动的必要性，那么我们现在就可以开始关注最佳热身活动的结构及内容了。尽管热身活动看起来会为运动员带来明确的潜在益处，但是目前我们所采用的热身活动是否将这些益处最大化却有待商榷。重要的是，虽然所有这些运动表现会受到热身的影响，但是每种运动表现的最优化却需要截然不同的活动。例如，虽然一段常规的有氧训练本身可能会积极地影响身体的心肺系统、呼吸系统和代谢系统，从而可能使耐力型运动的表现最佳（这通常只需要较小的活动范围），但是该有氧训练却无法优化神经系统和肌肉系统的表现，而这两大系统是增强力量、爆发力和敏捷性所需要的。同样地，它对后续运动的技术优化也束手无策，而技术优化对于需要高技术表现水平的体育运动至关重要。显而易见，热身活动必须与运动员的专项运动需求相关，更要与运动员自身的需求相关。

　　我们应当彻底反思整个热身过程。热身不能被认为是普通的训练，而应当被看作对后续运动有针对性的干预，它包含某项具体运动中优化后续表现所需要的精确的生理和心理因素，具备这两个因素后就可以像对待主训练环节那样精心地加以计划。有了这种思维模式的转换，编制热身计划的整个理念就有了新方向。

第 2 章
热身的新思路

第 1 章概述了设计合理的热身活动如何为运动员的表现带来诸多积极益处。然而，同样明确的是，与热身相关的有些益处可能并不是那么明显，并且触发这些益处所用的方式也需要重新评估。鉴于此，下一步我们需要考察现有热身方式的有效性和相关性，研究并找出构建有效热身活动的最佳方式。

尽管运动员在自己的热身活动中会采用多种方法，但是只有经过合理设计且直接针对目标的热身活动才有效。只有明确关注热身的基础目的和目标，并且使用针对这些目标的方法时，热身方能称为有效。传统观念往往认为热身是进入下一个训练环节前的准备工作，因此热身设计的目标是让运动员为下一个环节做好准备。然而，这未能充分强调一个关键因素：任何训练环节都是整体训练计划的一部分，整体训练计划包含超出单个环节的目的和目标。没有哪个教练或运动员能在单个环节中实现自己所有的训练目标，因此训练计划需要考虑长期要素，即利用训练的累积效应。遗憾的是，这种思维模式通常没有延伸至热身，热身通常仅被认为是一项孤立的活动，这导致热身仅能够影响下一训练环节的表现。然而，一旦将热身看作长期训练计划的一个关键部分，它就既有助于实现短期目标，又能在长期目的和目标的实现中发挥至关重要的作用。这彻底地改变了热身思维模式，并且为开展有效的热身开启了全新思路。

传统的常规热身和专项热身

教练和运动员设计热身计划时最常使用的结构是将其分为两个阶段：首先是常规热身，随后是专项热身。常规热身的主要目的在于产生与体温升高相关的益处与血液循环量转移的益处。这通常通过一段时间的有氧运动来实现，从较低的运动强度开始，逐渐增加至 VO_{2max}（运动员的最大摄氧量）的 60%。用于常规热身的有氧运动包含各种各样的低强度运动，比如慢跑或骑健身车，结束后进行静态伸展。静态伸展时，沿着身体主要肌群的走向自上而下（从头部开始移向双脚）或自下而上（从双脚开始移向头部）。常规热身近期的趋势是从静态伸展向动态伸展转变。

专项热身中通常需要包含与下个训练环节或之后的竞技比赛的需求相关的内容。目前，专项热身的内容不仅在运动的性质，而且在运动强度方面尤为多样化。只要考察一下运动员和运动团队中流行的热身活动，就能证实这种多样化。然而，在本书的第 1 章中讲到过，如果运动员希望具备高水平的速度、力量或爆发力，那么运动强度的逐渐增加至关重要。显然，如果我们追求最佳的应用和热身过程中进阶的运动强度，热身活动需要一种更具针对性的结构。

这种针对性结构的缺乏不仅存在于运动表现，而且延伸到了研究领域。对力量及体能研究项目中所使用的热身活动进行考察即可清晰地证明这种针对性结构的缺乏。实际上，有些研究文章仅仅讨论一些由常规训练动作和伸展动作组成的热身活动，而丝毫不考虑由此导致的后续运动表现，这种情况并不少见。这类热身通常无法优化后续的运动表现，这不足为奇，因为它们未能解决第 1 章中所阐述的许多最佳运动表现所需要的生理机制。显然，评估这些研究所得出的成果时必须谨慎。再一次重申，我们明显需要一个更加结构化和经过深思熟虑的热身计划。

重新评估热身的目标和价值

　　虽然热身仍然是为下一个环节做准备的重要组成部分，但是由于它能为我们带来更多的可能性，因此仅仅将它作为下一个环节的准备活动是很局限的。类似地，传统的常规热身和专项热身也没有提供一种可用来进行针对性热身的合理结构。显然，热身活动还有很大的优化空间，并且我们需要为此开发一种新的热身计划。在评估热身活动的效果时，必须对其功能持更加全面的观点，这种全面的观点可以反过来让我们对短期及中长期的热身效果加以评估。

　　从本质上来说，不仅要根据热身对运动表现的即时影响效果，还要根据训练的效率及成效来看待热身。正如前面所述，运动员和教练最有价值的资源是时间。除此之外，运动员的精力，无论是他们对于训练的投入度，还是训练后的恢复能力都是关键的考虑因素。这一点尤为重要，因为最佳的运动表现依赖于各种各样的因素，比如技术技巧、身体素质、战术意识和心理素质，所有这些因素都需要在编制运动员的训练计划时被考虑进去。大多数教练都会声称，几乎没有足够的时间让运动员为所有这些挑战进行最佳准备。考虑到为培养一项技术或能力而展开的刻意训练可能是开发这项技巧或能力的最重要因素时，情况尤为如此。或许有人会说，基本技巧只有在每个训练环节中都进行练习才会熟能生巧。然而，一名运动员在给定的时间段内只能够承受一定量的训练，因为每当运动员训练的时候，疲劳都会随之而来。因此，高效、省时的训练就变得至关重要。

　　当训练能够服务于一系列的目标，从而可以让同样的能量消耗产出更多的效用时，该训练就变得尤为可贵。重要的是，经过精心计划的训练活动可以确保在一系列时间范围内的最佳应用。实际上，主训练环节通常都会对运动员的技术及身体素质同时进行短期和长期开发；然而，热身却很少是这样，人们通常且仅将其作为单独环节且只关注其短期效用。日复一日，大量的时间就被浪费在仅具有短期效用的热身活动上，运动员的长期表现却毫无提升。显然，能够优化当下运动表现并且有助于运动员中长期发展的热身训练弥足珍贵。

当就效率和效果进行考察时，很显然，经过精心计划的热身训练对运动员的整个运动生涯的发展具有巨大的贡献。运动员在每个训练环节通常花 15~20 分钟的时间热身，一周下来这就占了相当多的训练时间。例如，对于一个每天训练 1 次、每周训练 5 次的运动员来说，每次 15 分钟的热身时间，每周就是 75 分钟的热身训练时间。如果以月（1 个月按 4 周计）为单位来看，热身时间就变成了 5 小时有潜在成效的热身训练时间。在整个训练年度内，假设有 1 个月休息，总共便是 55 小时的热身训练时间。当考察运动员的整个运动生涯时，总计热身时间就是运动员和教练的一种相当可观的时间资源。我们还能够继续对热身草草了事，随便浪费这些时间资源吗？最大化地利用这些时间资源显然是任何训练系统的关键点。然而目前对常规热身和专项热身的考虑仅局限于对下一个训练环节或比赛的短期影响。这展示了当前热身思维模式的一个严重缺陷，并且也提供了一个显著提升整体训练效率和效果的巨大潜在机会。

热身的新目标

我们需要的是一个更加深思熟虑的过程，在此过程中，热身不仅应在为下一个训练环节做准备时被考虑到，更重要的是为运动员的长期发展考虑。这种对热身长期效用的开发需要全新的思维过程，也提供了采用有助于短期及中长期运动表现的热身活动的机会。热身必须被看作每个训练环节不可或缺的一部分，并且其计划的详细程度要与主训练环节一样。此外，它还应当完全符合运动员整体发展计划的主要目标。当教练组参与运动员训练计划的设计时，所有成员都应当对热身环节贡献想法。然而，当下的做法经常是将热身环节分派给教练组的某个成员，而他在整个热身环节的结构、热身对下一个训练环节乃至对整体训练的贡献等问题上几乎不与教练组其他成员进行讨论。

在计划有效的热身活动时，需要考虑以下问题。

- 热身如何对运动员在后续环节或比赛中的表现起到积极影响？
- 热身如何对实现后续环节或比赛的整体目标起到积极影响？
- 热身如何对运动员的短期和长期运动表现所需的关键身体素质产生影响？
- 热身如何影响运动员的整个运动生涯的发展？

教练或运动员可以利用这些问题来有效地计划热身活动，并且应同时考虑到短期和长期目标。将热身看成主训练环节不可或缺的一部分和整体运动发展的关键部分，可以让训练过程更高效，并确保每个环节都经过精心计划，能对运动员的整个运动生涯发展起到积极影响。这使得有效热身活动的计划复杂程度更高，并要求我们除了关注运动员的短期发展以外，还要关注运动员的长期发展。

比赛热身与训练热身

此时，重要的是要区分两种类型的热身：比赛热身与训练热身。这一点很重要，因为这两种热身有各自不同的基本计划要求。

对于比赛热身，当下的运动表现通常是首要目标，尤其是较高水平的比赛。如果是大型比赛或运动员非常重视的比赛，对于赛前热身的评判标准，唯一的要求是看热身是否能为接下来的比赛带来帮助。本书所述的比赛热身是指以比赛成绩进行评判的那类热身。尽管仍然会用到第 3 章将要介绍的 RAMP 结构体系，但是整个比赛热身计划仅具有短期性，即既专注于运动员的生理准备又专注于其心理准备。这类热身既需要让运动员为比赛做好充分的准备，同时又不能引起运动员的疲劳。这类热身需要考虑后续比赛的时间安排，并且要考虑后续比赛对团队或运动员形成的限制。虽然生理上的准备很重要，但或许在比赛热身中同样重要的是心理准备和技能方面的准备。在为比赛做准备时，运动员往往更注重熟悉感和连贯性。所以，这类热身的性质几乎不会改变，并且必须根据运动表现的生理要素、技术要素、战术要素和心理要素这四大要素来计划。实际上，可能的情况是，技术和战术层面的需求将会占主导地位。在大型运动团队中，这往往要通过整个教练组的共同计划加以优化，其中的重点来自主教练和主要的教练组成员。

对于比赛成绩不是唯一目标，而是作为运动员的整个运动生涯发展一部分的那一类比赛热身，它被归类为训练热身和比赛热身有交叉的一个类别。鉴于比赛热身的主要计划将会包含多种主要来自技术教练的信息，本书将不会提供比赛热身的示例，因为潜在的变量实在太多了。然而，基于RAMP的方法是一种高度有效的结构体系，围绕它可以构建有效的比赛热身计划，并且本书中的结构化热身活动可实现针对身体素质和针对技术的两种热身方式的有效整合，进而结合针对战术的热身活动，共同构建有效的比赛热身计划。

训练热身应当被看作运动员整个运动生涯发展计划的一部分，同时也是训练环节中不可或缺的一部分。这样，训练热身的详细程度应当与主训练环节一样，并且其目标要反映运动员的整个运动生涯发展计划。理想情况下，它应当与下一个训练环节巧妙地结合在一起，这样热身和主训练环节之间便可以实现无缝过渡。如果一个热身计划经过有效设计，运动员将无法轻易区分热身何时结束、主训练环节何时开始。

此外，热身还应当考虑运动员中长期的发展。鉴于先前所讨论的投入到热身中的总训练时间，热身提供了一个提高技术和基本身体素质的绝好机会。因此，每次热身都应当包含有益于运动员长期发展的技术要素和身体素质训练。这为引入有针对性的练习提供了契机，这些练习旨在提高运动员的长期运动表现，并且为运动员提供浓郁的学习氛围。通过执行有效的热身计划，上述目标能在不增加运动员整体训练负荷的前提下实现，这是一个巨大的潜在优势。

传统热身的问题

很明显，目前常规热身和专项热身的系统并不完善。实际上，"常规"这个词需要完全从热身的思维模式中移除，因为它暗示了采用随机、一般的训练方式，目的只是为了升高身体温度。尽管常规热身的基础生理目标仍然具有合理性，但是我们需要的是一种更加专注、省时、高效的训练方式，同时这种方式还应有助于运动员的整体发展。运动员执行的热身动作不仅需要满足常规热身阶段的生理目标，也需要提供额外的益处，如动作模式和运动模式以及关键运动技术的开发。实际上，我们或许可以这样说：热身从一开始就应该"专项化"，并选用能够明确产生针对性效果的热身动作。

类似地，常规热身活动中的静态伸展概念也需要重新考虑。正如前面所强调的，没有直接证据显示静态伸展对减少受伤有积极影响；因此，为减少受伤而在热身中进行静态伸展的方法需要被重新考虑。鉴于此，我们应该关注静态伸展对后续训练环节和运动员长期发展的影响。这是尤为恰当的，因为有证据显示，静态伸展可能会对运动员短期内的速度、爆发力和力量表现具有负面影响，因此将其作为最佳运动表现的准备工具可能不合适。即便事实并非如此，就效率和效果而言，静态伸展也并不是一种让运动员做好准备的、省时的方式，因为它很耗费时间，并且还会消除先前的热身运动带来的与体温升高相关的益处。再次强调，一种更全面（既考虑短期又考虑长期效果）的计划方法非常有助于做出有效的训练决定。必须记住，热身的目标不是增强柔韧性（需要额外柔韧性的情况中，增强柔韧性可作为一个单独的训练组成部分来进行，静态伸展将会在其中发挥重要的作用），而是优化运动表现，优化运动表现反过来又需要执行有效的动作。这样，调动身体执行这些有效动作的方法更加省时高效，因为它可以维持之前环节引起的体温上升，并且还可以提升运动员的运动技术，因为运动技术与运动能力相关。

术语"专项热身"也需要重新加以考虑，应更加强调其基础目标以及该热身阶段的动作强度和进阶过程。通常，专项热身仅包括练习与下一个训练环节相关的技巧和生理要素（例如冲刺练习或技术训练）。这些练习在强度上通常没有进阶，这意味着运动员无法为后续环节或比赛中可能面对的运动强度进行充分准备。同时，这样的热身也无法带来与高强度活动相关的生理益处。此外，这类热身的目的也不是促进主训练环节的运动表现，并且无法对运动员中长期发展起到任何促进作用。

　　显然我们需要的是一个新的热身结构，该结构有助于短期、中期和长期有效热身环节的开发，从而让教练和运动员能够为训练和比赛编制出有效的热身计划。RAMP 系统就是这样的一个工具，设计它的目的就是弥补前述热身系统的缺陷。

第 3 章

热身的 RAMP 系统

　　显然，传统热身系统有很多不足，需要进行改进。在改进过程中重要的是采用系统化的途径，应用有条理、有组织的结构体系并通过这种结构体系来组织相应的训练，从而实现具体的目标。关键在于应全面考虑热身带来的潜在益处，而不仅将热身当作为短期运动表现做准备的一种方式。不同于体能训练专注于训练方法，热身的系统训练专注于开发一种结构体系，可围绕该结构体系引入各种训练动作，并且该结构体系将针对各种各样的情况产生不同的结果。重要的是，这种将关注点放在结构体系而非训练方法上的做法可以让五花八门的训练动作在整体的结构体系中得到使用，从而配置出更加个性化的训练方法。RAMP 就是这样的一个系统，并且多年来它已经在被运用于各种不同能力的运动员的过程中演变得很成熟。实际上，该系统的优势之一是其系统化的途径使得它足够灵活，能够同时服务于高水平的运动员和完全的初学者，也能服务于各种体育项目和活动。类似地，系统化的途径可以确保热身训练中的每个要素都能为下一个要素做出积极贡献，从而实现"1+1>2"的效果。

系统化方式

　　RAMP 系统是基于第 2 章所概述的理论构建的。我们要考虑热身的短期目标、中期目标以及运动员整个运动生涯发展的长期目标，针对每种目标，系统结构中都有相应的训练活动，从而帮助优化训练效果和训练效率。这样，无论从短期、中期，还是长期来看，运动员几乎所有的训练时间都花在了能积极影响运动发展的训练上面。

RAMP 系统成功的关键在于系统化的结构体系，它可以优化每个组成要素对整体热身效果的贡献，并且每个要素又积极地为下一个要素做贡献。这种专注于系统而非训练方法的做法为教练和运动员提供了一种构造有效热身活动的思维过程，同时也提供了足够的灵活性，让他们能够使用多种方式来实现训练目标。尽管该系统已经被成功地用于各种体育项目和各种运动表现水平，但是排列组合的多样性使得我们几乎不可能构造一种完美适用于所有情景的热身方式。再次重申，系统化的方式至关重要，因为该结构体系可确保所有的组成要素都可以进行调整，以适应不同的体育场景，同时还能保持整个系统的组织完整性。在同一个组织结构中可以使用多种方法，因此我们鼓励教练和运动员在该结构体系内进行试验，并在训练和比赛的限制范围内开发出效果最佳的热身活动。尽管本书会提供一些示例，但是应该根据应用场景的不同，不断地对系统进行修正和改进。

RAMP 系统本身会考虑热身过程的生理、心理和技术基础。然而，与传统热身不同的是，它还会考虑运动员中长期的发展。这不但使它与传统热身截然不同，并且为运动员和教练提供了一种有助于实现更为周密的训练计划，同时优化短期、中期及长期的运动表现的有力工具。

运动能力

在计划热身活动以实现长期益处的过程中，考虑影响运动表现的关键因素至关重要。运动表现取决于四类能力之间的平衡，即技术、战术、生理和心理。这些能力之间的平衡取决于运动项目本身的特点，也取决于运动员的风格。运动表现主要的关注点通常在技术和体能这两方面，因为另外两个方面要求运动员专注于发展体育运动以外的能力。技术上的表现取决于许多基本技巧能力的开发。例如，在足球（欧式足球）运动中，优化技术表现需要运动员掌握诸如第一脚触球控制、运球、传球、射门之类的技术。鉴于专门训练的积累似乎是发展技术最重要的因素，将技巧学习整合到热身中是一种增加技巧总训练量的省时的方法。

对于体能表现而言，运动能力的开发是其关键目标。运动能力是指良好的效率、严谨的控制和出色的效果三者相结合，执行体育运动相关任务的能力。运动能力的基础是有效的动作，而有效的动作是基于在执行体育运动相关任务时，摆出并控制关键姿势，并在不同姿势间流畅且有效转换的能力。如果将这一点与热身联系在一起，得出的结论是，我们应该关注开发关键运动模式和位移模式的能力。

实现运动发展

运动员的长期发展（Long-term Athlete Development，LTAD）本质上是一个发展大纲，与教学中采用的课程大纲没什么不同。正如任何其他学习大纲一样，它是针对运动员的一个专注于运动发展的进阶式学习计划。

LTAD 理念已经存在 10 多年了，但是由于缺乏实践，它的完整影响尚有待观察。尽管人们已经开发了无数种模型，但是真正的挑战在于将此理念付诸实践，缺乏足够的时间也是一个主要问题。显然，采用任何训练模型所面临的挑战都是改变行为。如果要让 LTAD 变得有效，那么就需要开发出有助于改变行为的方法。然而，有关行为改变的文献表明，只有让潜在的改变无形地融入一种简单、省时的方式，改变才有可能实现。因此，除非 LTAD 方法能够被融入现有的结构体系，否则它将不可能发挥全部的潜力。鉴于此，RAMP 热身系统的潜在价值立即变得显而易见。因为热身本身已经是绝大多数训练环节的一部分了，因此简单地调整 RAMP 的结构，就能开发出一种实施运动发展计划的省时省力的方法。

RAMP 系统

"RAMP"基于热身的三个不同阶段，每个阶段都具有明确的关注点。

R（Raise）：提升。

AM（Activate and Mobilize）：激活与调动。

P（Potentiate）：增强。

每个阶段都在有效热身的实现中发挥着关键的作用，并且在每个阶段运动员的生理和心理准备都具有不同的目标。此外，系统化的结构会确保其中所有的动作都呈进阶式排列，下一阶段建立在前一阶段的基础上。重要的是，教练和运动员能理解每个阶段的基础目标，并理解它们如何相继对运动员的短期运动表现起到促进作用，以及所有动作如何有机结合起来，从而积极影响运动员的长期发展。

整个RAMP系统的基本原理围绕着动作质量和技术发展这两个方面。这两者是在大多数体育运动中能够达到理想运动表现水平的基础，当这两项能力得到提高时，运动员的潜力也会相应提高。这两项能力的重要特征是，优化它们的关键因素之一是专门进行的优质练习的积累量。一般而言，运动员进行的专门练习越多，动作质量和技术发展的潜力就越大。因此在整个RAMP热身中，我们探索了所有能够提高动作发展和技术发展的可能性。令人意想不到的是，通过针对性RAMP热身活动的有效使用，用以提高动作质量和技术质量的专门练习量得到了显著的增加，但是整体训练负荷却没有增加。这样，RAMP热身活动变得异常省时、高效，并且还可以为技术和动作的发展提供优质环境。

提升阶段

第1章介绍了运动表现如何通过一系列低强度运动得以增强。在这一系列运动中，身体会出现与体温相关和不相关的适应性改变，这些改变都具有优化关键生理参数的潜力。因此，热身的第一阶段需要专注于优化这些关键的生理参数，即血流循环量、肌肉温度、核心温度、肌肉弹性以及神经激活与传导的质量，可以通过低强度运动的针对性使用来实现。

关键是，RAMP系统中的活动不具有普适性，而是针对运动发展的训练目标而精心设计的。为了达到优化生理参数的目的，通常会使用两种类型的提升模型，即动作模型和技术模型，不过它们通常可以共同作用——有效的技术表现通常需要有效的动作。

动作模型

所用的动作模型类型很大程度上取决于正在进行的活动。大体上，在基于动作的提升阶段，模型会专注于关键的动作模式。Gamespeed（赛速）系统通过其目标分类概括出了三种主要的基于各自功能的动作类别（见表3.1）：启动型动作、过渡型动作和实现型动作。这种分类是基于比赛中不同动作的功能进行的。启动型动作是指开始一个动作并改变运动的方向；过渡型动作指运动员等待着预判不断演变的比赛情况并对其做出反应，要么启动加速，要么启用运动技术；实现型动作指运动员试图将动作速度最大化。综合来看，这些动作为几乎所有涉及位移的体育运动提供了一整套动作库。此外，基于一个动作在比赛中的功能来对其进行评价，使我们也能够基于一项技巧在运动员执行运动任务时的有效程度来对其进行评价。

表 3.1　Gamespeed 目标功能及动作

目标功能	目标分类	目标动作
启动型	开始向前方	第一步加速
	开始向侧方	转髋
	开始向后方	后撤步
	横向改变方向	外切
	改变方向（向前 - 向后）	扎步
过渡型	静态姿势	竞技姿势
	在有限空间内移动	巧妙地占据有利位置
	横向移动	侧滑步
	向后移动	后退
	斜向移动	交叉步跑
	控制状态下向前移动	减速模式
实现型	加速	直线模式、曲线模式
	最大速度	直线模式、曲线模式

这些动作模式组成了运动员在比赛中进行有效运动的技术，所以要对它们进行充分开发。因此，将这些动作模式集中到热身的提升阶段，可以让运动员在其整个运动生涯中对各种动作模式进行大量的练习。采用这些基本的动作模式会引起短期内生理功能的增强，但是更重要的是引起中长期运动能力的增强。此外，运动中认知挑战的水平会因运动员当前的能力水平发生变化，以产生更高水平的运动能力。

RAMP 系统的思维模式也可以被拓展至普通人群的健身房训练，尽管这不是本书的关注点。本书的目标是增强热身的整体成效，从而确保热身产生广泛的益处。在健身房训练中，大量的热身时间通常被用于有氧运动（通常借助健身房的器材），除了让体温升高之外，几乎不会产生其他成效。在空间允许的情况下，可以引入动作模式来进行提升阶段的热身活动，并且可以同激活与调动阶段的关键动作模式相结合，比如下蹲和弓步。

技术模型

技术模型涉及使用与特定运动项目相关的技术来优化关键的生理参数。我们需要对这些技术加以选择，来确保它们在开始时可以提供适当的低强度运动，同时强度可以随着提升阶段的推进逐渐增加。类似地，这些技术也需要经过选择来确保它们模拟了特定运动项目所需的技术。所选的技术应当与本训练环节的主要目标紧密相连。例如，一个致力于控球的足球训练环节开始时，可以采用运球、传球和第一脚触球控制等能力的技术。这样可以让有助于本环节成功的关键技术得到大量的练习，同样重要的是，这也有助于比赛所需关键技术的长期开发。这些技术型的热身活动通常会将动作模式融入技术表现，并且至关重要的是，这些动作模式在基于技术的热身活动中与在基于动作的热身活动中一样有效。这样做的目标是要让所有活动都成为有效的开发动作的活动。遗憾的是，许多时候，在引入了技术的情况下，教练的关注点会转移到技术上并偏离动作本身。这种情况坚决不能出现，因为无效的练习不仅不会提高技术水平，反而会起到负面作用。保证正确的技术动作，是每次都需要反复强调的事情。

尽管技术型的热身活动通常是竞技比赛专用的，但是它也可以是体育运动中通用的（即该技术与多种体育运动相关）。在练习多种体育项目的情景中，或者在一般运动领域（比如体育课中），提升阶段的构造可以包含更加常规性的技术，比如接、击、踢和抛等，这些动作可服务于多种运动技术。

激活与调动阶段

乍一看，这个阶段可以被比作传统热身的静态伸展阶段，但是要重点强调的是，其目标明显不同。关于静态伸展对当下运动表现的影响已经有多篇研究论文发表。在很大程度上，研究结果是模棱两可的，有些研究显示静态伸展会让后续运动表现的力量、爆发力、速度和敏捷性降低，还有一些研究则没有显示相关运动表现的降低，除非将静态伸展保持 30 秒以上。然而，无论运动表现降低与否，一旦该阶段被当作激活与调动阶段，那么这些争论在很大程度上就变得无关紧要了。我们在第 1 章中已经明确知道，伸展与预防受伤之间的联系即便有，也非常之少。一旦接受了这一点，那么关注点便需要完全放在伸展对运动表现以及对热身效率和效果的影响上。

鉴于热身的提升阶段关注的是优化生理表现的关键参数，比如体温和肌肉温度，激活与调动阶段的关键就建立在这些与体温相关的热身要素之上，并且提升阶段所带来的益处在本阶段仍没有消失。静态伸展的一个挑战是，它本质上是静态的，并且在运动员进行静态伸展的过程中，提升阶段带来的许多益处都消失了。此外，因为静态伸展往往专注于个别肌肉，并且要求伸展保持 30 秒，所以相对来说它不太省时，需要大量的伸展和时间来调动所有的肌群。再次重申，我们要记住热身的短期目标之一是以一种有效且高效的方式为提升后续运动表现做准备，其目标并不包含增强柔韧性。一旦接受了这一点，那么显而易见，在热身中使用静态伸展存在诸多缺点，并且有更加省时高效的方法可供使用。这并不是否认静态伸展对增强柔韧性的帮助，它将始终是一种重要的方法，但是它最好能以一个单独的环节来开展，而不是作为热身的一部分。

此外，运动员运动表现的长期发展应当专注于综合运动，而不应仅仅专注于特定关节处的动作幅度。运动能力的决定因素远不止柔韧性，有效运动要求多关节的综合和协调运动。为此，激活与调动阶段应当专注于为所有运动构建有效的动作模式，从根本上确保每个运动员都具有基本的动作基础来支撑运动发展。这里的关注点不在于柔韧性，而在于，或者说在于让运动员用达成比赛目标和运动表现目标所需的动作幅度，积极地活动身体。这是一个重要的特质，因为即便是运动员具备优异的静态动作幅度，也不能保证他们就能够将这种动作幅度充分应用于运动。拥有优异的静态动作幅度却不能在动态动作模式中充分利用它们的运动员并不鲜见。这是因为灵活性的决定因素远不止柔韧性。灵活性指运动员在完整的动作幅度内运动的能力，这个能力要求同时具备稳定性、运动控制以及柔韧性等因素。再强调一次，这些是可以习得的模式，运动员为开发这些关键模式进行的练习越多，在执行这些动作时就越有效。因而，热身的激活与调动阶段会涉及积极地活动身体并让其采用一系列的关键动作模式，比如下蹲、弓步、旋转和跨步。这些动作模式需要多关节的运动，并且无论对于热身本身，还是对热身的技术开发潜力来讲，都是省时的。这样，动态训练被用于调动练习。然而，同样关键的是热身的激活元素。这里我们鼓励运动员缓慢地完成完整的动作幅度，使得控制该运动所需的关键动作控制模式得以发展。我们应当始终将关注点放在训练的正确运动表现上。虽然在过去几年内，动态运动已经变成备受欢迎的热身方式，但人们的动作都不太正确，运动员会利用动量来产生动作模式，因而失去了这些方式带来的长期动作控制益处。此外，关注正确的模式可确保运动员更加专注于提升动作质量，并能够保证他们在执行动作时先考虑动作本身。

此外，这一阶段也可以用来纠正动作模式并开发适当的激活模式。在运动员存在问题的情况下，比如，运动员存在臀部激活和肩部稳定的问题，我们可以选择特定的训练来直接发展完成这些动作所需的激活模式。这为教练和运动员提供了更多的时间来进行合适的康复和预康复训练。

增强阶段

运动员总是凭直觉将增强阶段的运动安排在自己的热身活动中。例如，短跑运动员在参加比赛之前总是要做一系列强度递增的冲刺跑。类似地，举重运动员在举起 1RM（Repetition Maximum，最大重复次数）的重量之前总是要做一系列重量递增的举重练习。这是因为提升阶段和激活与调动阶段根本就没有让运动员为高爆发力和高力量表现做好准备。这些方面的表现需要增加活动强度，从而让强度逐渐发展至最大程度。

尽管如此，增强阶段可能还是许多团队和球类体育运动热身中最容易被忽略的阶段。通常，这个阶段仅由少量专项体育活动构成，并且对强度的递增没有控制。类似地，许多调查研究也会犯这样的错误，研究中的热身仅仅由常规热身和伸展活动构成。具有讽刺意味的是，许多研究假定，由于已经用动态伸展替换了静态伸展，所以教练们已经让自己的运动员为最佳运动表现做好了准备。事实并非如此，除非热身中包含一个强度恰当递增的针对性增强阶段。

该阶段可以被应用于多个方面。在比赛热身中，它可以被看成是运动员正式比赛前的一次预演。对于训练热身，它既可以被当作下一个主训练环节前的准备工作，其本身也可以作为一个独立环节存在，或者两者兼而有之。由于增强阶段是具体动作或技术模式的进阶过程，所以它为实现有效的速度与敏捷性训练提供了理想的机会。这样，具有针对性的速度与敏捷性开发可以被有效地融入整体热身环节，从而可以产生大量额外的训练激励，同时几乎不增加整体训练负荷。

对于需要最高水平的速度、力量或爆发力的运动，该阶段的另一个潜在应用是激活后增强效应（Post-activation Potentiation，PAP）。对于有些运动员而言，诸如负重下蹲或爆发式奥林匹克举之类的热身运动可能会增强其后续的力量、爆发力和速度表现。然而，就 PAP 是否真的能够增强、增强的程度、最佳应用方法以及持续时间等方面，研究结果都是模棱两可的，并且具有高度的个体差异。此外，想要进一步使用 PAP，理论上可能会欲速不达甚至适得其反，尤其是在高对抗强度的竞技比赛的热身中，需要在热身时同时进行技战术的演练，如果热身活动过多地集中在其他活动上，同样也可能导致运动员无法做好充分的心理准备。这使最优的热身计划的编制变得极其困难，尤其是在团队背景下。此外，PAP 出现在一些研究文章中，可能是由于原本热身计划的不足。所以，虽然 PAP 可能有一些潜力，但是鉴于其模棱两可的现状、应用中的个体差异及其对运动发展的影响非常有限，本书中将不对其进行探讨。运动员和教练可以在训练中进行试验，以判断 PAP 是否对他们有用，并找到将其应用于自己的训练场景的最佳方法。

第 4 章

提升阶段

正如前文所述，热身的第一阶段需要以一段时间的低强度运动开始，并随着热身过程的推进逐渐增加至中等强度。其净效应是引起与体温相关或无关的益处，比如血液循环量的增加和转移、肌肉温度的升高、核心温度的升高、氧气输送的增加以及肌肉收缩加快。这还有助于激活有氧系统，同时又不会引起初始无氧系统的过度疲劳。尽管在常规的热身中经常会这么做，但是 RAMP 热身提升阶段需要考虑一个重要的因素，便是热身后做什么运动，以及这个运动的基本理念。除了有助于满足训练环节当下的需求之外，所选运动还需有助于运动员整体的长期发展。这样，我们现在摒弃了术语"常规"，并用"提升"取而代之。该阶段内的运动设计通过实现与技术和动作开发相关的多重目标，以一种尽可能有效的方式实现初始活动的生理益处。因此，它们既具有传统的短期关注点，又具有长期的运动发展关注点。

活动的进阶过程

在热身的提升阶段，运动强度会呈递进趋势，但是在适当情况下，运动的复杂度以及由运动带来的认知挑战方面也会有一个进阶过程。进阶过程可以通过以下三种方式实现。

1. 低运动强度至中等运动强度。
2. 简单动作至复杂动作。
3. 低认知挑战至高认知挑战。

　　运动强度是一个相对简单的控制因素，因为它与运动速度紧密相关，而在动作的复杂度和认知挑战方面就需要考虑得更多一点。

　　动作复杂度的增加通常通过将单个动作变为组合动作来实现。例如，刚开始热身时，诸如侧滑步、后退和直线跑之类的动作可以分开进行。然而，随着热身的推进，这些动作可以被组合起来，比如从侧滑步变为后退或从侧滑步变为直线跑。这样，教练不仅可以强化单个动作模式，还可以强化它们在运动表现中的组合方式。识别出运动表现期间动作的组合方式是开发有效的提升模式的重要一步。这种运动的情景化是 Gamespeed 系统的一个重要工具，并且应当尽可能地将其融入有效的热身活动。

　　认知挑战可以通过两种方式来实现：其一是训练的设计方式，其二是增加运动员在执行动作时需要做的决定的数量。有证据表明，在种类多变且配置随机的训练中，认知挑战会增加，并且运动技术也会得到相应的发展。例如，对于后退、侧滑步和直线跑这几种动作模式，可以在热身中配置得更加随机（例如，后退 - 侧滑步 - 直线跑 - 侧滑步 - 直线跑 - 后退），而不是在直线跑之前先完成所有的后退，在后退之前先完成所有的侧滑步。此外，它们可以在速度、距离和方向等方面有所变化。所有这些改变都可以增加运动员在执行技术时需要进行的认知活动量，从而提供一个有效的学习环境。

　　另一种增加认知挑战的关键方式是增加给定训练的自由度。自由度可以被看成是给定训练中的变量。例如，运动员先从圆锥筒 A 向前跑至圆锥筒 B，然后再后退至圆锥筒 A，接着再向前跑至圆锥筒 B，这种运动采用的是一种相对闭锁式的技术，几乎没有变化，因此没有需要运动员进行主动控制的自由度。如果要求运动员向前跑至一个随机位置后开始后退，那么便加入了一个时间自由度，这要求运动员在执行动作期间进行有效的思考。此外，如果接下来在后退期间要求运动员沿着教练指示的方向前进加速，那么这又会增加一个空间自由度，因为运动员提前并不知道自己会被要求跑往哪个方向。将比赛训练纳入提升阶段也是有可能的，但必须注意控制运动强度。因此更为典型的是将比赛训练放在增强阶段内。

利用这两种方式可以开发出各种各样的应用方法。可以从开发基础动作模式开始，并逐渐进阶为关键动作组合、体育通用的动作模式，并最终成为体育专项的动作模式，究竟侧重于基础技术还是高级技术取决于运动员。低水平运动员的关注点在于掌握基础动作模式以及这些模式所需的技巧。然而，随着运动员的进步，热身活动可以相应地在认知和动作挑战方面增加难度，从而使针对性的动作模式和能力能够不断发展，并为运动员提供一个有效的学习环境。

很明显，迈向 RAMP 热身针对性提升阶段的举措与传统的常规热身有着显著的不同。其关注点并不仅仅在于生理基础（即目标只是提供有效运动表现所需的生理参数），而是基于运动员的个人情况进行技术开发及长期发展。因此，在 RAMP 系统中，虽然生理益处仍然很重要，但是尽可能多的时间将会被投入有效的动作和体育技术的开发中去。现在的热身计划过程与传统方法相反。现在主要的关注点是待开发的技术，一旦确认了这些技术，那么关注点将会转移到如何利用这些技术来产生所需的生理益处上面。

提升阶段的热身类型

为了契合在技术和动作上的关注点，热身在提升阶段可以分为两种类型：动作主导的热身和技术主导的热身。在整个过程中重要的是要记住，热身现在远不仅是在做简单的生理准备。相反，它是每个训练环节不可或缺的一部分，并且具有明确的技术和动作开发目标。因此，教练在热身一开始时就应当开展积极的指导。至关重要的是，教练和运动员会深刻地了解执行热身活动时的动作方面及技术方面时所需的关键技能，并在整个热身过程中积极地关注这些技能。这一点很关键，因为支撑整个 RAMP 系统的一个关键因素是顺序性的技术开发。技术的掌握与所进行的优质专门练习量有关。必须记住，专门练习会改变身体对动作和技巧的控制以及协调能力，从而导致这些能力发生永久性改变。当热身由高质量动作模式组成时，必将导致高水平技术的形成。然而，如果动作完成得不正确，或者完成得不够精准，那么这将导致运动员形成不良的动作模式，之后也很难纠正。所以，在热身的整个过程内教练必须开展有效的指导，并强调高质量的技巧。遗憾的是，情况并非总是如此。不少热身活动几乎不会将重点放在动作模式的质量上面，并且运动员自身实际上也几乎不重视热身活动。这两种情况都不利于有效的技术开发。为了方便执教，提升阶段应被设计成允许多名运动员在一个小区域内练习，这可以让教练更加易于观察运动员的表现并合理地执教。

动作主导的热身

动作主导的热身通常专注于开发支撑运动表现的动作模式。因为有效且高效的动作是决定运动员在体育比赛中获胜的一个主要因素，所有能够以有效且高效的方式开发这一动作模式的系统都是运动计划中的有力工具。如前所述，具有挑战性的是识别出能够在体育运动中有效表现所需的动作模式种类。Gamespeed 系统中的目标分类和目标动作（见表 3.1）至关重要。开发这些工具就是为了解决大部分球队和球场类体育运动的关键运动能力问题，并提供一个虚拟的动作大纲。随后利用提升阶段来开发和强化所识别出的所有关键动作模式，并为运动员提供执行几乎所有球队和球场类体育运动的动作库。该大纲的重点基本集中于三个主要方向上的动作：前后、左右和上下，还涉及这些动作的组合（比如斜对角练习）。该大纲也关注了这些动作的启动，使运动员能够沿着三个主要方向（前方、侧方和后方）加速，这有助于多向加速，因为其他方向只不过是这些模式的组合而已。重要的是，该大纲致力于练习动作组合，强调不同动作模式之间的变化。因为，通常，动作质量问题出现在不同动作模式的切换间歇，而非出现在动作模式本身。本章后面的范例清晰地介绍了这些动作是如何组合成一个有效的动作主导的热身活动。

该阶段的关键关注点始终都是运动表现的质量，以确保高质量的动作模式得以开发和强化。目标分类在这里至关重要，它们提供了一个构成动作技巧开发基础的大纲。（这些分类也突出了许多速度与敏捷性计划的缺点：动作的执行方式没有与它们在体育运动中实际的执行方式联系在一起。）

在比赛期间，运动员会花大量的时间等着对刺激做出反应，并且他们的加速及技术表现质量将取决于起始姿势的质量。这正是识别过渡型动作的关键之处。这些动作与启动型动作一起，构成了提升阶段大部分热身活动的基础。当其应用于体育运动时，诸如侧滑步和后退之类的运动主要是防守性的，因此运动的速度不是关键因素。更加重要的是维持一个受控的姿势，使任何后续动作或技术都可以在该姿势的基础上有效启动。因此，在完成这些动作期间维持一个放松的竞技姿势至关重要。为了实现这一点，运动员的重心应当落在双脚的脚掌上，脚踝、膝盖和髋部都呈正角（一定程度的弯曲）；背部应当处于中立位，略微前倾；双臂应当处于运动员能够恰当执行比赛技术的位置。在全部动作中，身体的重心要始终尽可能地保持在支撑基础中心。在传统的敏捷性开发计划中，这些动作的执行方式总是以速度作为主要的目标，这导致运动员无法有效地在不同动作之间切换，或者从执行动作切换到执行专项技术。因此，在执行这些动作时，需要始终考虑运动员是否处于一个可以切换动作或者可以从动作切换到专项技术的姿势。

优质的过渡型动作能使运动员保持有效发起加速的姿势。加速能力是运动能力的关键部分，但是经常被遗忘的是，运动员发起加速的第一步（发起加速的能力）可以在许多体育运动中带来优势。实现有效发起加速的方式是，确保髋部朝向预期的运动方向，并能够即时沿着运动方向转移重心。这一点可通过如下方式实现：沿预期的行进方向迈一小步，并让身体协调一致地移动，从而将重心放在前腿上。身体的这种定向方式能够有效发力以利用传统的加速模式向预期的方向加速。为了有效地执行该动作，运动员的重心在此期间应当保持水平。

影响比赛表现的一个关键因素是从高速跑动转变至可控姿势或改变跑动方向的能力，这也是在许多训练运动速度的计划中被遗忘的因素。返回到可控姿势需要运动员通过缩短跨步长度、降低重心和加宽支撑面的方式来减速。变向通常需要一定量的减速，减速多少取决于方向改变的程度。变向的最终几步需要将脚落在支撑面的后方（扎步）或侧方（切步）。落脚距离需要足够让变向在瞬间产生，但又不能落得太远，太远会减少可以利用的力量。

设置动作主导的提升模式

RAMP 系统采用了一系列的练习设置，目的是将所有的关键目标动作模式包含于其中。显然，并不是每个热身都必须将所有动作模式包含在内，但重要的是，教练或运动员要有一个系统，通过该系统，体育运动所需的所有动作模式都能在一定时间（比如一周）内得到练习。对于初级运动员，所有动作模式都要并重，以确保其基础动作库没有漏洞。实际上，在绝大部分运动员可能参与的体育运动中，掌握所有的动作将会为他们带来显著优势，并且将这些动作包含在 RAMP 热身的提升阶段中，可以提供一个省时的方法来开发和训练这些能力。精英型运动员可以采用一种更侧重体育专项的训练方式，更强调其在所选的运动项目中必须进行的关键动作模式及组合。

动作主导型热身的关键设置和模式

动作主导型热身常用的关键设置和模式如下。
- 直线型。
- 交错线型。
- 训练袋型。
- 方框型。
- 三叉型。
- 网格型。

设计所有这些模式的目的是提供一个高度可控的区域，使教练能够观察运动员的动作并确保所有的关键动作模式都能得以实现。重要的是，这些模式的目的并不是让运动员疲劳，我们鼓励教练创造性地开发自己的模式。在有些环境中，教练随时都能够观察到多名运动员，实际上任何可以让运动员在这种环境中执行动作的模式都算得上是有效的设置。拥有各种各样的模式可以让热身更具多样性，这一点很重要，尤其是在一个赛季甚至整个运动员生涯中需要执行多种热身活动的情况下。此外，每种模式都有一整套可以用于其中的动作组合。这样，该系统只受限于教练的想象，本章后面提供的示例只不过是可使用的动作组合中的一小部分。我们鼓励教练和运动员试验不同的结构和不同的动作组合，但是关注点始终应当放在开发关键的基础动作模式上面。Gamespeed 系统的动作大纲在这里非常有用，因为其关键的动作模式构成了几乎每种田径类和球场类体育运动的基础。因此，我们可以针对关键动作模式开展大量的练习（这对技巧的开发至关重要），并且好处是没有在常规热身的基础上增加训练时间或训练负荷。很明显，在热身中采用有效的提升模式是实现有效训练的基础举措。

直线型

设置 2 组圆锥筒，每组 3 个，两两之间相隔 5 米，形成一条总长度为 10 米的通道（见图 4.1）。2 组圆锥筒之间的区域将作为训练通道。运动员们排成两列，一左一右。动作模式训练将会在训练通道内开展，路线为从圆锥筒 A 移动到圆锥筒 C，再从训练通道外的归位通道从圆锥筒 C 归位慢跑或走至圆锥筒 A。

采用直线型的热身旨在执行所有关键的启动型动作和过渡型动作模式（变向除外）。下面是两个设置的示例，几

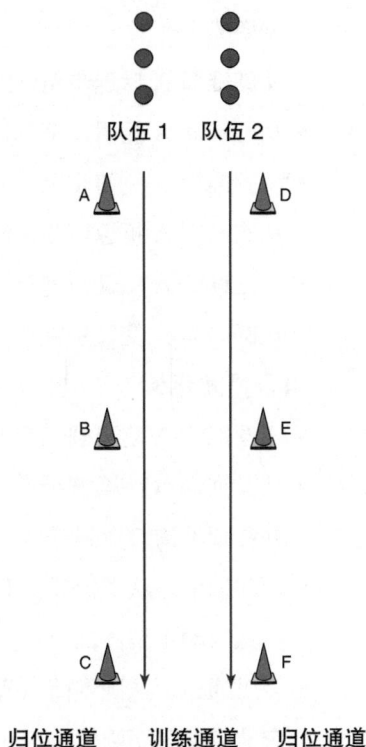

图 4.1 基本的直线型设置

乎包含了 Gamespeed 系统中所有的动作，这些动作既可以独立完成，也可以按顺序完成。基本的模式设置适用于各种动作，而由于圆锥筒 B 位于通道的中间，组合型的模式设置非常适合进一步开发单个动作及组合动作。

基础模式示例

- 利用加速、姿势跑技巧从圆锥筒 A 跑至圆锥筒 C。
- 利用加速、姿势跑技巧从圆锥筒 A 跑至圆锥筒 C，接着在圆锥筒 C 处减速为平行式站姿。
- 起始位在圆锥筒 A，面向通道，转髋并利用加速、姿势跑技巧从圆锥筒 A 跑至圆锥筒 C；接着在圆锥筒 C 处减速为左脚在前的前后分立姿势。
- 起始位在圆锥筒 A，背对通道，转髋并利用加速、姿势跑技巧从圆锥筒 A 跑至圆锥筒 C；接着在圆锥筒 C 处减速为右脚在前的前后分立姿势。
- 从圆锥筒 A 后退步至圆锥筒 C。
- 从圆锥筒 A 侧滑步至圆锥筒 C（面向通道内侧）。
- 从圆锥筒 A 侧滑步至圆锥筒 C（面向通道外侧）。
- 从圆锥筒 A 折返至圆锥筒 C。
- 从圆锥筒 A 交叉步跑至圆锥筒 C（面向通道内侧）。
- 从圆锥筒 A 交叉步跑至圆锥筒 C（面向通道外侧）。

组合模式示例

- 从圆锥筒 A 跑至圆锥筒 B，在圆锥筒 B 处突然加速跑至圆锥筒 C。
- 从圆锥筒 A 跑至圆锥筒 B，在圆锥筒 B 处突然加速跑至圆锥筒 C，并在圆锥筒 C 处减速为平行式站姿。
- 面向通道，从圆锥筒 A 侧滑步至圆锥筒 B；在圆锥筒 B 处转髋，并突然启动跑至圆锥筒 C。
- 背对通道，从圆锥筒 A 侧滑步至圆锥筒 B；在圆锥筒 B 处转髋，并突然启动跑至圆锥筒 C。
- 面向通道，从圆锥筒 A 交叉步跑至圆锥筒 B；在圆锥筒 B 处转髋，并突然启动跑至圆锥筒 C。

- 背对通道，从圆锥筒 A 交叉步跑至圆锥筒 B；在圆锥筒 B 处转髋，并突然启动跑至圆锥筒 C。

- 从圆锥筒 A 后退步至圆锥筒 B，在圆锥筒 B 处后撤步至左侧，跑向圆锥筒 C，并在圆锥筒 C 处减速成左脚在前的前后分立姿势。

- 从圆锥筒 A 后退步至圆锥筒 B，在圆锥筒 B 处后撤步至左侧，跑向圆锥筒 C，并在圆锥筒 C 处减速成右脚在前的前后分立姿势。

作为组合模式的一种发展，突击跑可以作为一项竞赛，运动员分成两人一组，每组一条通道，一人充当领跑者，另一人充当跟跑者。在这种情况下，突击跑不是出现在圆锥筒 B 处，而是出现在领跑者启动的时候。必须注意确保该提升阶段的强度可控，并且重点应当在于初始反应性动作的质量，而不在于实现高跑动速度。

直线型模式还能用来开发专项热身活动，以形成特殊的动作模式，尤其是与跑步技巧相关的模式。在这里，一项具体的技术（比如提升最大速度的技巧）可以作为整个热身提升阶段的关注点，从而对目标模式进行专门性训练。

针对速度技巧的示例

- 前倾并从圆锥筒 A 轻松跑至圆锥筒 C。
- 用灵活的踏蹬动作从圆锥筒 A 移动至圆锥筒 C。
- 用垫步轻跳动作从圆锥筒 A 移动至圆锥筒 C。
- 用直腿跑动作从圆锥筒 A 移动至圆锥筒 C。
- 用高抬腿走路动作从圆锥筒 A 移动至圆锥筒 C。
- 用高抬腿跳跃动作从圆锥筒 A 移动至圆锥筒 C。
- 以蹲下起立模式从圆锥筒 A 移动至圆锥筒 C。
- 以跨越模式从圆锥筒 A 移动至圆锥筒 C。
- 以单腿循环模式从圆锥筒 A 移动至圆锥筒 C。
- 以双腿交替循环模式从圆锥筒 A 移动至圆锥筒 C。
- 以高抬腿模式从圆锥筒 A 移动至圆锥筒 C。

- 为了提高速度，以高抬腿模式从圆锥筒 A 移动至圆锥筒 C，但是动作不发生变化。
- 以迅速触发模式从圆锥筒 A 移动至圆锥筒 B，接着在圆锥筒 B 处突然加速。
- 用从三点支撑姿势起跑，从圆锥筒 A 移动至圆锥筒 C，强调从低位启动时前面 3 次跨步的启动加速，接着专注于正常姿势跑。

每个动作重复 2 次。

交错线型

该设置是直线型设置的一种变式，运动员被安排成两人一组，5 个圆锥筒相互间隔 3 米放置（见图 4.2）。该设置非常适合提升减速、前进和后退以及侧变向的能力。

队伍 1　　　　　　　队伍 2

交错线型变向示例

- 将 5 个圆锥筒相互间隔 3 米放置。

- 运动员 1 从圆锥筒 A 开始向前跑至圆锥筒 B，在圆锥筒 B 处用一个扎步减速，后退步至圆锥筒 A，接着向圆锥筒 C、D、E 重复该动作，每次都要退回至圆锥筒 A。结束之后，运动员 1 休息，运动员 2 接上。重复 3 次。

- 运动员 1 从圆锥筒 A 开始向前跑至圆锥筒 B，在圆锥筒 B 处用一个切步减速，侧滑步至圆锥筒 A，接着向圆锥

A

B

C

D

E

图 4.2　交错线型设置

筒 C、D、E 重复该动作，每次都要退回至圆锥筒 A。结束之后，
运动员 1 休息，运动员 2 接上。重复 3 次。

- 去掉圆锥筒 B、C、D。重复前进、后退模式，但是这次要听到教练
的口令再进行动作切换。重复 4 次。
- 重复前进侧滑步模式，但是这次要听到教练的口令再进行动作切换。
- 从圆锥筒 A 向前跑至圆锥筒 E。在圆锥筒 E 处用左腿做一个外切动
作，并沿着相反的方向加速。返回并用右腿重复动作，并且每条腿
练习 4 次。
- 从圆锥筒 A 向前跑至圆锥筒 E。在圆锥筒 E 处根据教练的指令方向
做一个外切动作。

训练袋型

这些模式采用训练袋来充当障碍物，运动员必须采用特定的动作模式
和动作组合来绕开这些障碍物。训练袋可按固定的距离（见图 4.3）或可
变的距离分布。使用较大的训练袋时可以将关注点放在单个动作模式上，
而使用较小的训练袋时则更多地专注于在目标动作模式之间有效切换的能
力。训练袋型动作模式的一个示例见图 4.4。

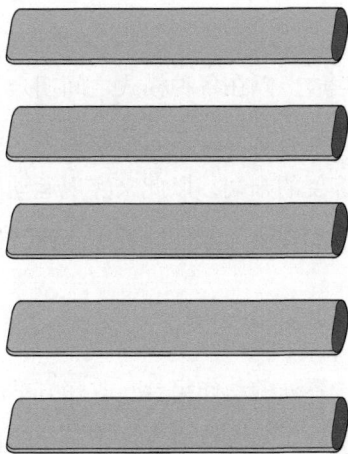

图 4.3　基本的训练袋型设置

模式 A

从 A 点开始，面向 B 点。向前跑至 B 点。减速并侧滑步至 C 点。后退至 D 点。侧滑步至 E 点，接着向前跑。在其他的训练袋处重复该动作。走回至 A 点并重复 3 次。

模式 B

从 A 点开始，面向 D 点。侧滑步至 B 点。用一个切步减速，接着向前跑至 C 点。侧滑步至 D 点。向前跑至 E 点并侧滑步，在其他的训练袋处重复该动作。走回至 A 点并重复 3 次。

模式 C

从 A 点开始，面向 D 点。交叉步跑至 B 点。用一个切步减速，接着向前跑至 C 点。交叉步跑步至 D 点。交叉步跑至 E 点，在其他的训练袋处重复该动作。走回至 A 点并重复 3 次。

模式 D

从 A 点开始，面向 B 点。向前跑至 B 点。减速至停止，转髋从而转身面向 A 点；接着横向跳过训练袋至 C 点。落地之后立即向前跑至 D 点。转髋从而转身面向 C 点，横向跳过训练袋至 E 点，接着向前跑。在其他的训练袋处重复该动作。走回至 A 点并重复 3 次。

注意：初学者应当关注每次跳跃落地的稳定性；高阶训练者应当采用一个有效的反冲步动作在落地之后立即开始跑动，并且也可以在跳跃的同时旋转 180 度（即在半空中改变自己的朝向），而不是在跳跃之前转向。

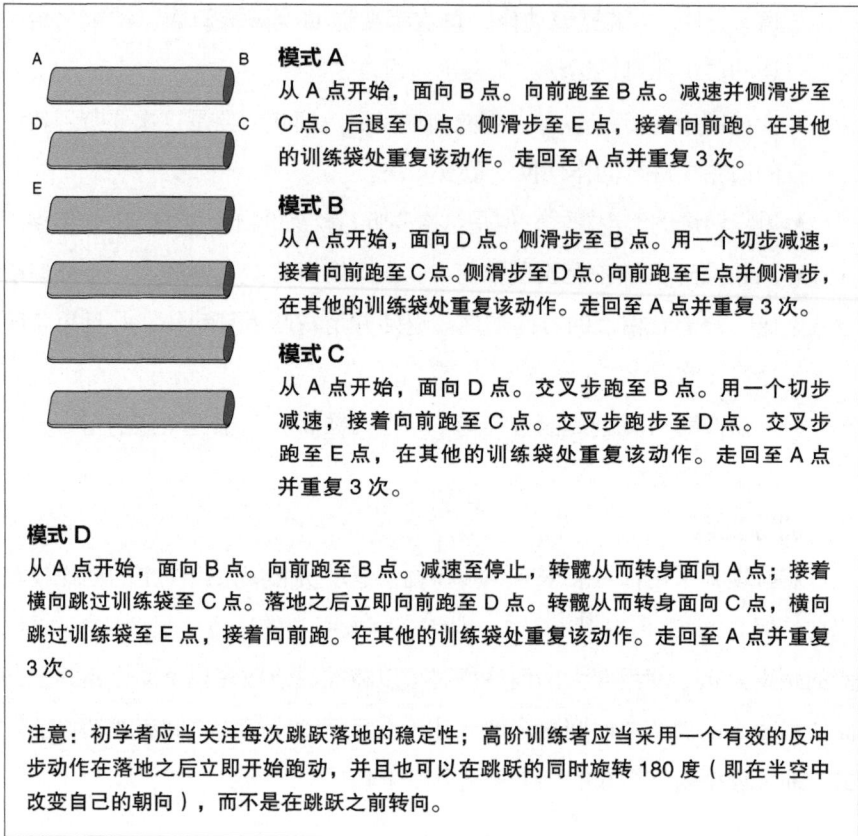

图 4.4　训练袋型提升模式

训练袋还可以错开摆放，以在各种模式之间插入需要额外组合的动作（例如，侧滑步转换为冲刺以及更加有力的减速）。此外，也可以将圆锥筒隔开一段距离摆在训练袋的末端，以此来实现运动的转换（例如，侧滑步转换为直线冲刺或侧滑步转换为侧向冲刺）。错开摆放的训练袋型动作模式示例见图 4.5。

方框型

这一模式可以针对一系列的动作组合。改变方框的尺寸可以改变训练的侧重点和挑战性。使用较大的方框应专注于单个动作模式，而使用较小的方框则应专注于组合目标模式以及在不同动作模式之间转换的能力。方

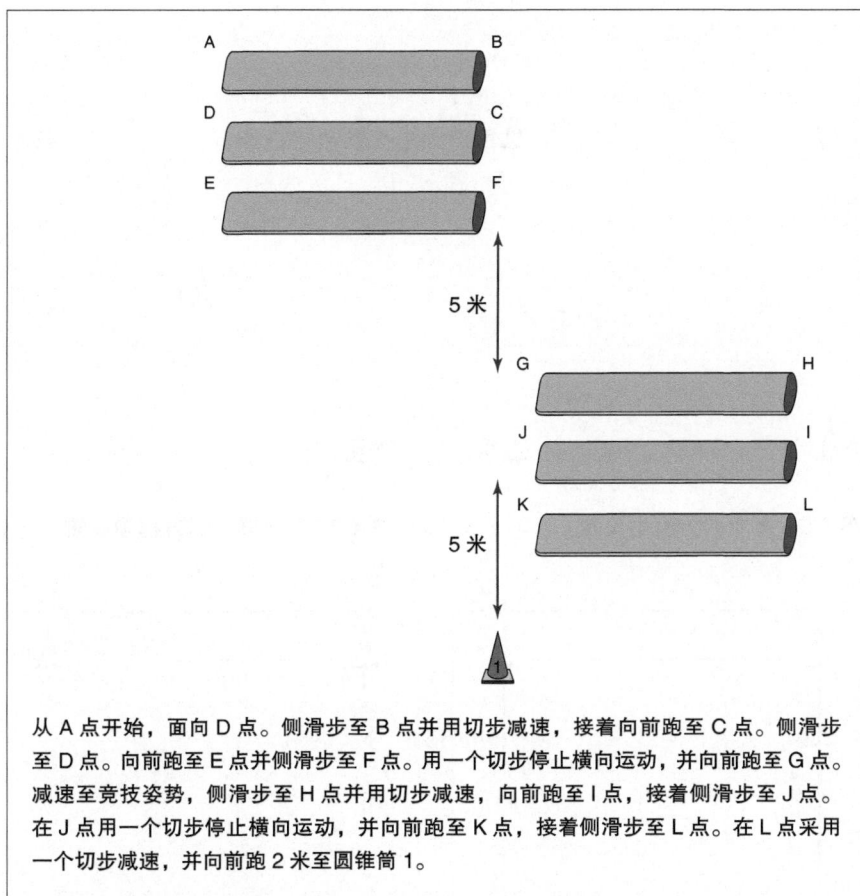

从 A 点开始，面向 D 点。侧滑步至 B 点并用切步减速，接着向前跑至 C 点。侧滑步至 D 点。向前跑至 E 点并侧滑步至 F 点。用一个切步停止横向运动，并向前跑至 G 点。减速至竞技姿势，侧滑步至 H 点并用切步减速，向前跑至 I 点，接着侧滑步至 J 点。在 J 点用一个切步停止横向运动，并向前跑至 K 点，接着侧滑步至 L 点。在 L 点采用一个切步减速，并向前跑 2 米至圆锥筒 1。

图 4.5　错位训练袋型提升模式

框模式可以布置成一个基础的方框（见图 4.6），在方框中间增加一个圆锥筒（与骰子上的数字 5 形状类似，见图 4.7）则极大地扩展了组合的可能性，并能让不同动作模式之间的切换更具挑战性。

　　与直线型模式一样，本模型潜在的应用方式千变万化，可以说只受限于教练或运动员的想象，并且还可以对它们进行修改，以适应不同专项体育运动所需的具体动作组合。其动作组合模式的示例见图 4.8~ 图 4.13。

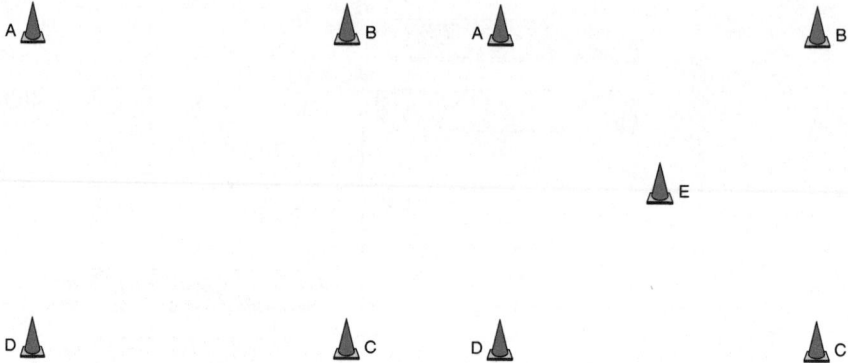

图 4.6 基本的方框型设置

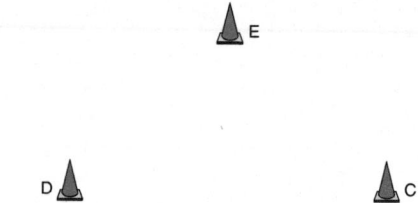

图 4.7 5 个圆锥筒方框型设置

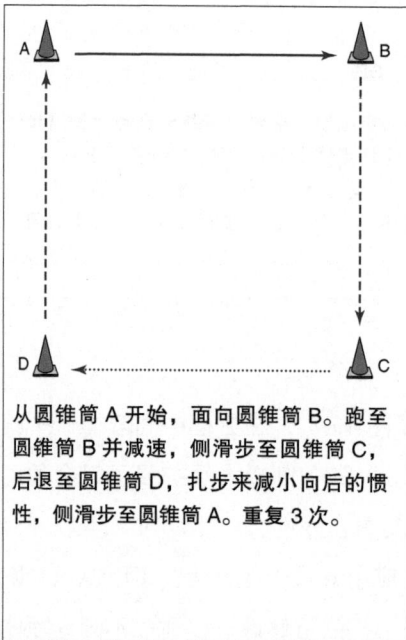

从圆锥筒 A 开始，面向圆锥筒 B。跑至圆锥筒 B 并减速，侧滑步至圆锥筒 C，后退至圆锥筒 D，扎步来减小向后的惯性，侧滑步至圆锥筒 A。重复 3 次。

图 4.8 组合动作提升模式：模式 A

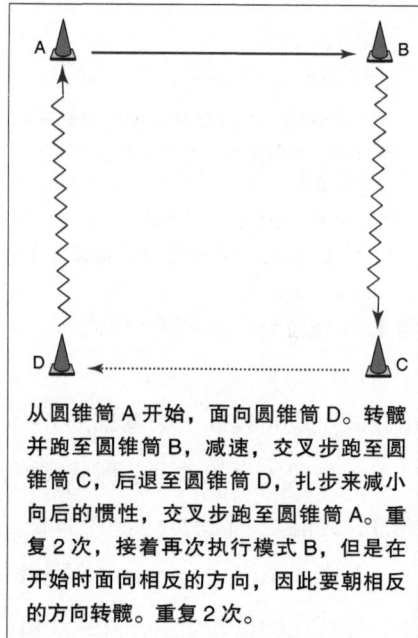

从圆锥筒 A 开始，面向圆锥筒 D。转髋并跑至圆锥筒 B，减速，交叉步跑至圆锥筒 C，后退至圆锥筒 D，扎步来减小向后的惯性，交叉步跑至圆锥筒 A。重复 2 次，接着再次执行模式 B，但是在开始时面向相反的方向，因此要朝相反的方向转髋。重复 2 次。

图 4.9 组合动作提升模式：模式 B

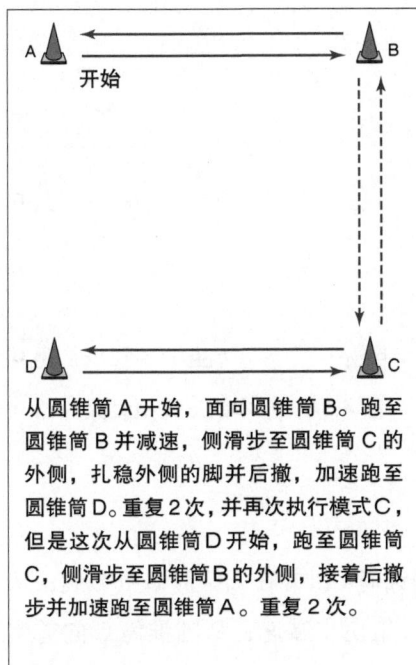

从圆锥筒 A 开始，面向圆锥筒 B。跑至圆锥筒 B 并减速，侧滑步至圆锥筒 C 的外侧，扎稳外侧的脚并后撤，加速跑至圆锥筒 D。重复 2 次，并再次执行模式 C，但是这次从圆锥筒 D 开始，跑至圆锥筒 C，侧滑步至圆锥筒 B 的外侧，接着后撤步并加速至圆锥筒 A。重复 2 次。

图 4.10　组合动作提升模式：模式 C

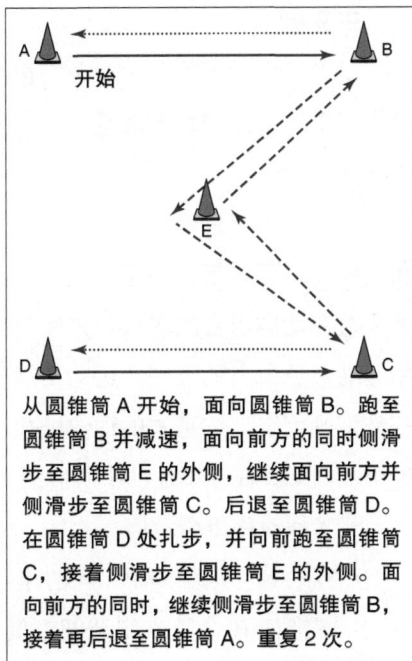

从圆锥筒 A 开始，面向圆锥筒 B。跑至圆锥筒 B 并减速，面向前方的同时侧滑步至圆锥筒 E 的外侧，继续面向前方并侧滑步至圆锥筒 C。后退至圆锥筒 D。在圆锥筒 D 处扎步，并向前跑至圆锥筒 C，接着侧滑步至圆锥筒 E 的外侧。面向前方的同时，继续侧滑步至圆锥筒 B，接着再后退至圆锥筒 A。重复 2 次。

图 4.11　组合动作提升模式：模式 D

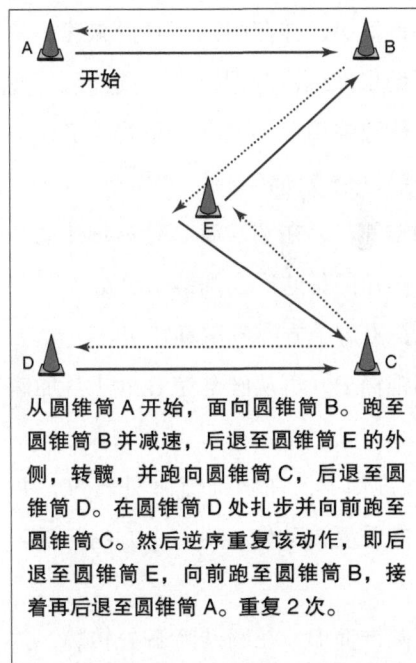

从圆锥筒 A 开始，面向圆锥筒 B。跑至圆锥筒 B 并减速，后退至圆锥筒 E 的外侧，转髋，并跑向圆锥筒 C，后退至圆锥筒 D。在圆锥筒 D 处扎步并向前跑至圆锥筒 C。然后逆序重复该动作，即后退至圆锥筒 E，向前跑至圆锥筒 B，接着再后退至圆锥筒 A。重复 2 次。

图 4.12　组合动作提升模式：模式 E

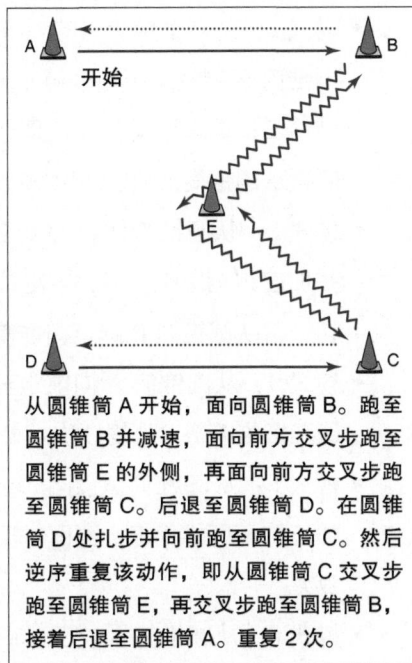

从圆锥筒 A 开始，面向圆锥筒 B。跑至圆锥筒 B 并减速，面向前方交叉步跑至圆锥筒 E 的外侧，再面向前方交叉步跑至圆锥筒 C。后退至圆锥筒 D。在圆锥筒 D 处扎步并向前跑至圆锥筒 C。然后逆序重复该动作，即从圆锥筒 C 交叉步跑至圆锥筒 E，再交叉步跑至圆锥筒 B，接着后退至圆锥筒 A。重复 2 次。

图 4.13　组合动作提升模式：模式 F

三叉型

三叉型设置（见图 4.14）在提供
最为广泛的动作模式方面具备极大的
灵活性。

与之前的所有设置一样，该模式
在圆锥筒的距离等方面可以多样化，
并且潜在动作组合的多样性只受教练
和运动员想象力的限制。运动员通过
三叉型既可以训练基本的动作模式，
也可以训练其在专项运动中所需的动作模式。

图 4.14 基本的三叉型设置

三叉型动作组合示例

- 模式 1：从圆锥筒 A 向前跑至圆锥筒 B，并在圆锥筒 B 处减速；从
  圆锥筒 B 交叉步跑至圆锥筒 C，用切步减速；从圆锥筒 C 向前跑
  至圆锥筒 E；重复该动作，但是这次从圆锥筒 B 交叉步跑至圆锥筒
  D，接着再从圆锥筒 D 跑至圆锥筒 G；沿每个方向各重复 2 次。

- 模式 2：从圆锥筒 A 向前跑至圆锥筒 B，并在圆锥筒 B 处减速；从
  圆锥筒 B 侧滑步至圆锥筒 C，用切步减速；从圆锥筒 C 向前跑至圆
  锥筒 E；重复该动作，但是这次从圆锥筒 B 侧滑步至圆锥筒 D，接
  着再从圆锥筒 D 跑至圆锥筒 G；沿每个方向各重复 2 次。

- 模式 3：从圆锥筒 A 向前跑至圆锥筒 B，在圆锥筒 B 处右脚外切，
  并加速跑至圆锥筒 G；重复该动作，但是这次在圆锥筒 B 处左腿外
  切，再从圆锥筒 B 跑至圆锥筒 E；沿每个方向各重复 3 次。

- 模式 4：从圆锥筒 A 向前跑至圆锥筒 B，再从圆锥筒 B 处一直加速
  跑至圆锥筒 F；重复 3 次。

- 模式 5：从圆锥筒 A 侧滑步至圆锥筒 B，在圆锥筒 B 处转髋，并
  加速跑至圆锥筒 F；再面对反方向重复该动作，沿每个方向各重复
  2 次。

- 模式 6：从圆锥筒 A 交叉步跑至圆锥筒 B，在圆锥筒 B 处转髋，并

加速跑至圆锥筒 F；再面对反方向重复该动作，沿每个方向各重复 2 次。

三叉型设置还提供了在整个运动中添加反应性部分的好机会。模式是一样的，但是这次所有动作由外界刺激触发，教练和运动员皆可。教练站在圆锥筒 B 的后面（见图 4.15），进行空间提示（哪个方向）和时间提示（何时移动），由此增加整个运动的挑战性。

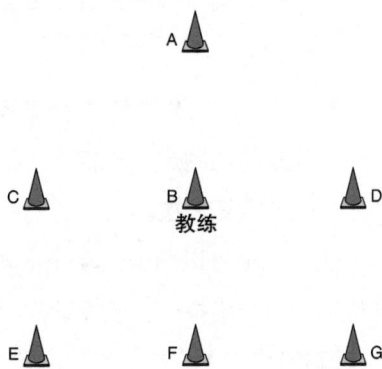

图 4.15　具有教练触发反应性元素的三叉型模式

反应性的三叉型模式示例

- 模式 1A：从圆锥筒 A 向前跑

  至圆锥筒 B，在圆锥筒 B 处减速；按照教练指的方向，交叉步跑至圆锥筒 C 或圆锥筒 D，用切步减速并从圆锥筒 C 向前跑至圆锥筒 E 或从圆锥筒 D 向前跑至圆锥筒 G，重复 4 次。

- 模式 1B：执行模式 1A，但是这次听到教练的口头指令"开始"再向前跑，重复 4 次。

- 模式 2A：从圆锥筒 A 向前跑至圆锥筒 B，在圆锥筒 B 处减速；按照教练所指的方向，侧滑步至圆锥筒 C 或圆锥筒 D，用切步减速并从圆锥筒 C 向前跑至圆锥筒 E 或从圆锥筒 D 向前跑至圆锥筒 G；重复 4 次。

- 模式 2B：执行模式 2A，但是这次听到教练的口头指令"开始"再触发后撤步和向前跑，重复 4 次。

- 模式 3：从圆锥筒 A 向前跑至圆锥筒 B，在圆锥筒 B 处右切步，并按照教练所指的方向跑至圆锥筒 E 或圆锥筒 G，沿每个方向各重复 6 次。

- 模式 4：从圆锥筒 A 跑至圆锥筒 B，听到教练的指令立即加速跑至圆锥筒 F，重复 3 次。

- 模式5：从圆锥筒A侧滑步至圆锥筒B，听到教练的指令立即转髋并加速跑至圆锥筒F，再面对反方向重复该动作，沿每个方向各重复2次。

- 模式6：从圆锥筒A交叉步跑至圆锥筒B，听到教练的指令立即转髋并加速跑至圆锥筒F，再面对相反的方向重复该动作，沿每个方向各重复2次。

注意：也可以两位运动员面对面进行模式5和模式6，由担任领队的那位运动员给出指令，触发动作。

网格型

网格型（见图4.16）本质上是三叉型的一个延伸，但是更多的圆锥筒可以实现更多的动作组合。

网格型提供了提升在不同动作模式之间转换的能力的机会，这对于提升减速至不同动作模式的能力尤为有用。与其他设置一样，这个设置下的

图4.16 基本的网格型设置

变化也只受教练和运动员的想象力的限制。与之前一样，圆锥筒之间的距离越大则越强调单个动作模式；距离越小则越强调不同模式之间的转换，并且整体挑战性也越大。

网格型运动示例

- 模式 1：从圆锥筒 A 开始，向前跑至圆锥筒 E，减速并侧滑步至圆锥筒 F，再向前跑至圆锥筒 J，减速并侧滑步至圆锥筒 K，然后向前跑至圆锥筒 O，减速并侧滑步至圆锥筒 P，跑至圆锥筒 T 并返回至圆锥筒 A。

- 模式 2：从圆锥筒 A 开始，后退至圆锥筒 E，减速并侧滑步至圆锥筒 F，再后退至圆锥筒 J，减速并侧滑步至圆锥筒 K，然后后退至圆锥筒 O，减速并侧滑步至圆锥筒 P，后退至圆锥筒 T 并返回至圆锥筒 A。

- 模式 3：从圆锥筒 A 侧滑步至圆锥筒 E，转髋并向前跑至圆锥筒 I，再侧滑步至圆锥筒 M，接着转髋并向前跑至圆锥筒 Q；返回并重复该动作，但是这次侧滑步时面对相反的方向，返回至圆锥筒 A。

- 模式 4：从圆锥筒 A 开始，向前跑，同时穿过圆锥筒 E、I、M 和 Q，全程保持速度一致，返回至圆锥筒 A 并重复 2 次。

- 模式 5：从圆锥筒 A 开始，向前跑至圆锥筒 E，从圆锥筒 E 加速跑至圆锥筒 I，再减速跑至圆锥筒 M，再加速跑至圆锥筒 Q，返回至圆锥筒 A 并重复动作。

- 模式 6：从圆锥筒 A 动作开始，在圆锥筒 E 处外切步并跑至圆锥筒 J，再向前跑至圆锥筒 N，接着外切步并跑至圆锥筒 S；重复该动作，但是这次从圆锥筒 D 处开始，在圆锥筒 H 处外切，跑至圆锥筒 K，向前跑至圆锥筒 O，并外切至圆锥筒 R，沿每个方向各重复 1 次。

- 模式 7：从圆锥筒 B 开始，后退至圆锥筒 F，接着右脚后撤一步并跑至圆锥筒 K，减速并后退至圆锥筒 O，接着后撤一步并跑至圆锥筒 R。

- 模式 8：从圆锥筒 A 开始，侧滑步至圆锥筒 E，交叉步跑至圆锥筒

I，加速交叉步跑至圆锥筒 M，接着跑至圆锥筒 Q；返回至圆锥筒 A 并重复，但是这次面对相反的方向。

技术主导的热身

技术主导型热身在提升阶段与动作主导型热身基本原则一样，即增加技术训练的量。它们的区别是，技术主导型的重点在于与专项运动相关的技术，而不在于动作的开发。它的目标是为运动员提供尽可能多的机会来训练关键技术。这为运动员增加了在给定时间段内的技术训练量。然而，它仍然具有与之前动作主导型热身相同的限制：需要以合适的技巧完成动作，以便有效地开发技术。该阶段通常会包含之前所列的动作模式。尽管它们可能不是此时的主要关注点，但是至关重要的是，指导动作时的仔细和认真程度丝毫不亚于动作主导型热身。动作本身是否是主要的关注点并没有关系，只要运动员在正确地做一个动作，那么他们便是在强化和发展动作模式，所以必须牢记：优质的动作会产生优质的模式，而不良的动作会产生不良的模式。

设置技术主导的提升模式

有些技术能够以低强度开始，并包含会引发适应生理所需的合适动作，同时还可以让技术应用开发出合适的技巧，而有效技术应用的关键就是要识别出这些技术。诸如篮球运球、足球运球和橄榄球传球等都是该热身阶段的理想训练。后续的训练可以考虑增加技术的复杂度或增加运动的强度，或者二者均增加。技术复杂度的增加可以通过许多方式实现，比如运球和传球的各种变式。类似地，也可以通过在应用中增加变式以及增加运动员在执行技术期间要做的决定的数量来增加认知挑战。例如，在运球技术训练中，一名球员可以担任防守的角色，目的是抢走其他运球人的球。这极大地增加了认知挑战，并且能够导致合适的进阶。鉴于技巧的重要性，教练应当分析如何更好地构造个体的技术热身计划，以进行合适的观察并提供恰当的反馈。

技术主导型热身的关键设置和模式

常用的技术主导型热身的关键设置和模式如下。

- 来回线型。

- 相对直线型。

- 网格型。

- 交叉型。

再次强调，上面的列表并不包含所有模式，有无数种方法可以用于实现技术主导型热身的各个目标。与之前一样，我们鼓励教练在设计中发挥创造性。

来回线型

这是所有技巧模式中最简单的一种，经常在开始进行技术开发的时候使用，以引入诸如运球之类的技术（见图4.17）。需要注意一个组的运动员人数不要超过4名，否则每名运动员的休息时间过长。在涉及大型团队的情况下，需要设置多条通道。圆锥筒之间的距离可以根据运动员的技术或能力水平进行调整，但是10米左右通常是一个合理的距离。

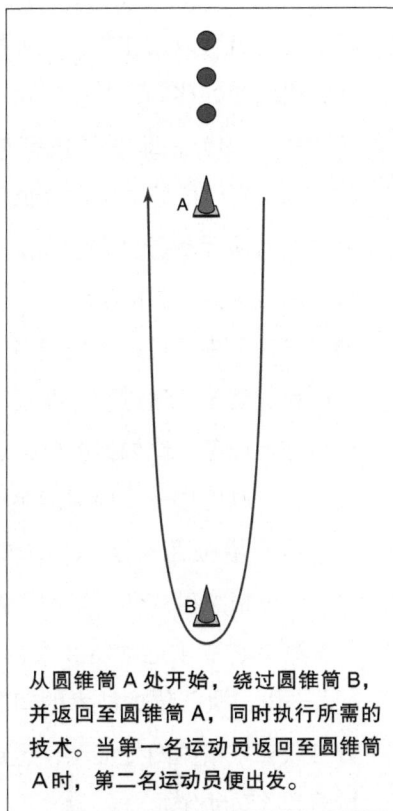

从圆锥筒 A 处开始，绕过圆锥筒 B，并返回至圆锥筒 A，同时执行所需的技术。当第一名运动员返回至圆锥筒 A 时，第二名运动员便出发。

图 4.17　来回线型

相对直线型

该设置比来回线型更具优势的是，它极大地增加了一个时间段内所进行的训练量，并且还需要运动员之间有更多的交流。再次强调，需要注意限制一个组中的运动员的数量，但是该设置可以比来回线型容纳更多的人，因为它使用了两条通道（见图4.18）。圆锥筒之间的距离可以根据运动员的技术或能力水平进行调整，但是10米左右的距离通常比较合理。

网格型

对于运球和控制型的技术，一个非常简单却有效的模式便是网格型。网格是一个活动方格或一系列的方格，运动员可以站在其中，并按要求在方格内四处移动，并同时执行技术（见图4.19）。即便是执行最基本的技术，有限的区域加之在该区域内移动的其他运动员也会带来挑战。通过增加每个方格内的运动员人数来增加多样性和挑战性；人数越多，干扰效应就越明显。通过为有些运动员安排防守型任务，比如抢掉其他运动员的球，可以更进一步地增加挑战（例如，这会增强篮球运球技术的挑战性）。网格型模式还可以用于执行传球序列，它要求运动员2人、3人或4人一组，执行传球技术的同时穿过方格或在方格内四处移动，重点在于传球和移动动作。

方格大小可以根据运动员的人数、活动的类型和运动员的水平进行改变，但是由10米×10米的方格组成的网格是一个常规的起始尺寸。方格的数量取决于运动员的人数和每个方格中理想的运动员人数。网格系统提供了一个理想的机制，通过它可以组织和指导有控制的技术型活动。

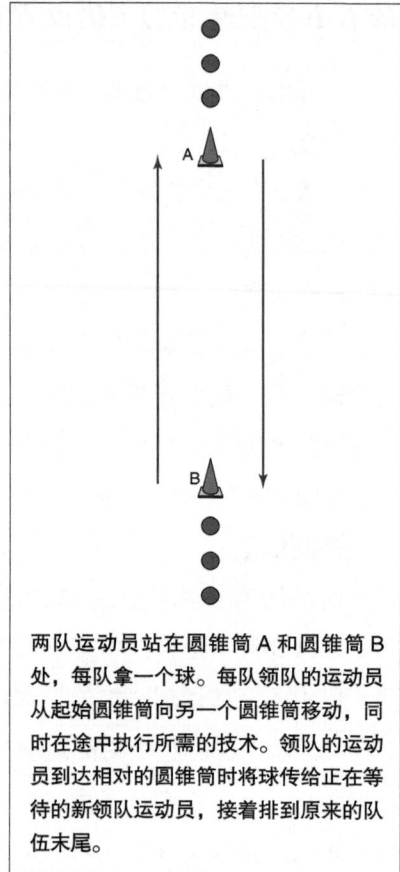

两队运动员站在圆锥筒A和圆锥筒B处，每队拿一个球。每队领队的运动员从起始圆锥筒向另一个圆锥筒移动，同时在途中执行所需的技术。领队的运动员到达相对的圆锥筒时将球传给正在等待的新领队运动员，接着排到原来的队伍末尾。

图4.18 相对直线型

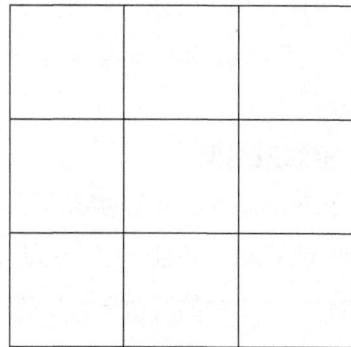

图4.19 网格型设置（每个方格代表一个训练区域，网格可以根据需要由任意多个方格组成。）

交叉型

该模式本质上是相对直线型模式的一种变式，运动员以交叉模式排布（见图 4.20）。这会增加多样性和挑战性：在从一个圆锥筒移动至另一个圆锥筒的过程中，运动员们不得不穿过一片混乱区，在此区域内运动员将会从多个方向进入和离开。这需要运动员在技术上和动作上的技巧更强，并对环境有更清晰的认识。多样性和混乱性要求运动员之间进行更高水平的交流，持球者和接球者也需要进行交流。

这种可以训练运球和传球技术的设置要求运动员在圆锥筒之间移动的过程中执行技术。最简单的设置是每条对角线上有一个球在移动（即圆锥筒 A 和圆锥筒 D 处）。完整的设置是在所有的圆锥筒处都放一个球。

传球训练中还可以额外增加难度，运动员最初可能会沿着对角线移动，但是可以设置为让他们移动至中间，接着再横向移出（例如，从圆锥筒 C 移动至中间，接着移出至圆锥筒 B）。更进一步，传球可以在交叉线

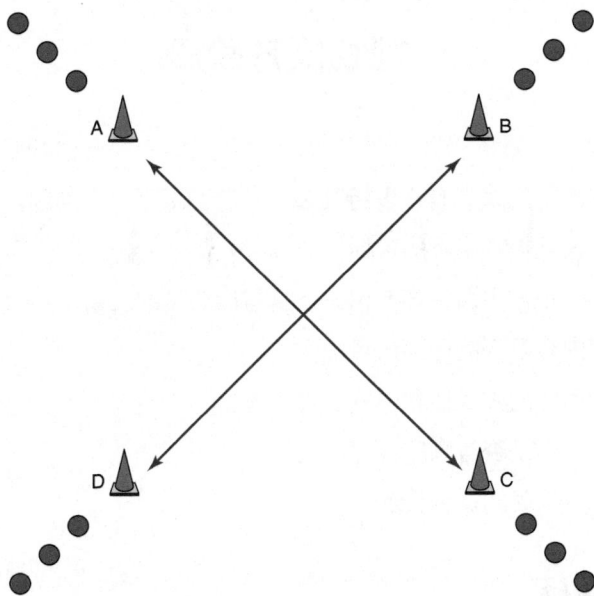

图 4.20　交叉型设置

之外进行（例如，从圆锥筒C到圆锥筒B），并且要求运动员跟着球移动到新的圆锥筒。

组合的提升模式

　　尽管看起来动作主导型热身和技术主导型热身都是独立的单元，但是它们也可以组合起来形成一种组合的提升模式。例如，足球练习中的直线跑和减速可以与传球、第一脚触球传球分别组合或与二者同时组合。这提供了一个理想的机会来将运动表现中的动作元素和技术元素相结合，从而模拟出它们在真实比赛期间的组合方式。然而，至关重要的是两种元素的标准都不能降低。通常，以训练体育专项为目标的热身是以质量降低和关注点单一为代价的。计划应当始终以明确的目标为基础，目标即热身要在技术开发或动作开发方面实现什么，整个训练都应当围绕该目标来计划。任何时候都不能因为专项运动而丢失该目标。恰当的技术表现应当始终占据主导地位。

规划提升阶段

　　鉴于潜在变量的数量，不可能有一个完美的提升阶段训练模式。然而，有效的提升模式具有许多特征，并且它们基于以下问题。

- 该阶段是否有明确的目标？
- 该目标是与主训练环节相关还是与运动员的长期发展相关？
- 训练内容是否能达到该目标？
- 训练内容的挑战性和强度是否合适？
- 训练内容是否有顺序性的结构？
- 训练持续时间是否合理？

明确的目标

　　虽然所有热身活动的短期目标都是让运动员为运动表现做好准备，但是常规热身的目标总是相对不明确的。提升阶段的关键是让这些目标变得更加结构化，并用目标主导热身的内容。毫无疑问，所选择的热身内容需要组成足够的训练时长，从而优化先前确定的关键的生理参数。然而，仅有这一点还不够，目标还需要和运动表现元素结合在一起，比如培养一项具体的技术或各种技术，抑或培养一种具体的运动能力或各种能力。实际上，RAMP 系统的特征正是这种集成化和系统化的思考方式。

集成化的目标

提升阶段内的训练内容应当与主训练环节的目标或运动员的发展计划结合在一起，以达到最佳效果。热身计划始终应当考虑该训练环节本身的主要目标，这样便可以选择有助于突现该环节训练目标的训练内容。例如，如果某个环节的主要目标是防守动作，那么提升阶段应当包含有助于有效防守的动作，比如巧妙地占据有利地位和后退。然而，这不应当是唯一的考虑因素。我们必须始终牢记，提升阶段提供的是让运动员强化各种技术和动作模式中的技巧的机会，这些技巧、能力在下一个环节中可能会直接涉及，也可能不会直接涉及。例如，无论是否是下一步环节的主要目标，Gamespeed 系统中所有的过渡型和启动型动作以及所有实现型动作的技术方面都可以在提升阶段进行训练及强化。关注点不应仅限于下一个环节，还应关注运动员的长期发展。在此过程中，运动员的关键技术和动作模式能够得到不断地练习，但是整体训练负荷却不会增加。RAMP 系统的一大好处就是可以让运动员大量训练对其发展至关重要的关键技术和动作，并且关键是识别这些技术和动作并将其融入提升阶段。很重要的一点是，不是每次热身都要包含所有这些技术和动作；相反，它们可以分散在一系列的热身活动中，从而使运动员在中期内能够接触到所有这些技术和动作，同时还能确保持续 5~10 分钟的热身提升阶段非常高效。

目标驱动的动作

一旦该阶段的关键目标确定了，便应该选择直接针对该目标的训练内容。每项训练都应该有一个明确的目的，且该目的和这一阶段的目标直接相关。教练和运动员应当能够对整个热身中包含的每一项内容做出解释；如果做不出解释，就需要质疑这项内容在整个环节中的价值以及这项内容是否有存在的必要。

合理的挑战性和强度

　　提升阶段是热身的起始阶段，所以这一阶段所选的训练内容需要是低强度的，以确保训练者逐渐适应负荷。当本次热身是针对动作模式时，这一点相对比较容易做到；但是如果本次热身是针对技术提高，尤其是比赛中的技术时，则需要注意确保所选择的热身强度不会过大。一个重要的考虑因素是，将一项技术包含到动作模式的训练中通常会增加能量消耗。随着热身阶段的推进，强度会增加；但是记住，增强阶段内本来就会出现高强度运动，所以没必要在提升阶段达到太大强度。

　　随着运动员能力的提高，在该阶段内增加基于反应性和需要运动员进行选择的活动是一种有效手段，这些活动会增加运动员所面临的认知挑战。事实证明，在运动中增加认知元素会提高运动员从该运动中学习到技术的程度。再次强调，控制训练的整体强度水平很重要，但是反应性训练内容的使用在该阶段会尤为有效。例如，在直线型设置中，运动员可以根据教练或其他运动员的指令改变动作模式，而不按照预设的规则来完成。这还会为活动增加一定的多样性和随机性，因此也可以对技术学习起到积极作用。类似地，它要求运动员在训练中自始至终都要集中注意力，这有利于技术的学习，也能使运动员做好心理准备。然而，必须注意确保该反应性元素所带来的额外挑战不会对技术表现产生负面影响。增加技术熟练度始终是提升阶段的目标，挑战性的增加应当在运动员的技术能力范围之内。始终要记住的是，如果对运动员运动表现的影响是负面的，那么具有随机反应性的训练并不比程序固定的训练更好。

顺序性的结构

一旦选好了训练内容，便应当考虑这些内容在整个训练环节中的结构化组织。这与我们目前一直在讨论的内容有关：起始活动应当是低强度的，但是教练或运动员应当（在适当的时候）逐渐地增加强度和挑战性。这样，整个阶段将会有一个合乎逻辑的进阶过程，即每项训练都建立在之前训练的基础上，并且强度和挑战性持续提升。重要的是，该阶段的训练内容应当与后面增强阶段中的内容相关联。

合理的持续时间

热身是运动表现增强与身体疲劳之间的一种平衡状态。因此，提升阶段需要确保持续时间合理，以确保关键的生理参数得到优化。这个持续时间不需要太长，否则这些参数不仅不会再得到进一步优化，而且很可能产生疲劳。通常，热身将会花费 5~10 分钟时间，持续时间取决于运动类型、运动员的状态以及环境。

在大部分体育运动中，时间投入上的差异会出现在增强阶段，因为体育运动的最终强度水平、运动复杂度和技术复杂度会决定我们需要多少强度进阶类运动和技术预演类运动。提升阶段的时间长短通常都在 5 分钟左右。在某些有氧类的体育运动中，运动员可能倾向于在提升阶段花更多时间，以确保对能量系统进行合理的刺激（因为他们知道增强阶段通常刺激较少）。在极端环境中，比如低温天气，提升阶段的持续时间可能需要延长，以确保出现与体温相关的适应性变化；同理，在酷热天气中，该阶段的持续时间可能需要缩短，因为这些变化会更快出现。此外，在运动员感到肌肉过度酸痛或紧绷的时候，提升阶段的持续时间可能需要延长，因为运动员可能需要以低于正常水平的动作强度开始热身。

第 5 章

激活与调动阶段

　　热身的提升阶段应当已经优化了有效运动表现所需的必要生理参数。其效果表现为肌肉黏滞阻力的降低、整体肌肉弹性的增加以及肌肉温度的升高。综合起来，这些效果会让身体更加有效和高效地在更大的动作幅度内活动。此时正是开始激活与调动阶段的最佳时机。

　　与 RAMP 热身的其他元素一样，该阶段也应具有短期目标和长期目标。此阶段的短期目标显然是为下一个环节做准备，主要长期目标是让身体能够执行所有体育运动所需的关键动作模式，并增加所需要的动作幅度。因此，选择可以满足这些需求的训练内容很重要。此外，同样重要的是维持提升阶段所实现的与体温相关的益处并开始激活肌肉，肌肉将会在后续的增强阶段得到最佳的激活。对于更为长期的发展，其目标在于训练构成身体素质和最佳运动表现基础的关键动作模式。我们要选择运动员在整个发展过程中会遇到的关键动作模式，并使运动员能够获得必需的动作质量和动作幅度。

长期关注点：灵活性

　　与 RAMP 热身的其他元素一样，考虑该阶段对运动员长期发展的贡献很重要。不同于传统热身中所采用的典型伸展活动，该阶段的关注点不是简单的某个关节或肌群的动作幅度，而是动作的整体质量。这是一个关键的区别。关键是，仅能够在特定关节处实现较大的动作幅度并不意味着运动员能够有效地运用该动作幅度。灵活性，或者说是高效完成一个给定动作模式的能力，不是仅由柔韧性决定的。灵活性要求柔韧性、稳定性和动作控制之间达到平衡，所有这些能力都组合在一起来执行一个动作，并且动作质量是运动表现能力发展的重要因素。有效的运动是一种技术，并且与所有的技术一样，专门练习的积累量对于开发高超的运动能力至关重要。这样，RAMP 热身的激活与调动阶段可以让每种关键的动作模式都得到大量针对性的专门练习，但却不会增加整体的训练负荷。

静态伸展的作用

关于静态伸展是否应当作为热身的一部分一直存在着大量的争议。几乎没有直接证据表明热身期间的伸展对降低受伤风险有任何积极的影响，因此关注点必须放在其对运动表现的影响上面。到目前为止，关于静态伸展是否对力量、爆发力和速度表现有负面影响仍存在相互矛盾的证据，但是人们达成的普遍共识是，持续较长时间（30 秒及以上）的静态伸展可能对短期的爆发型运动表现有不利的影响。然而，如果认为热身具有激活与调动阶段，那么讨论静态伸展的作用以及其对运动表现的影响便没有必要了。尽管静态伸展是开发柔韧性的一个重要工具，但是它无法产生灵活性训练在动作方面的益处，因此它在实现 RAMP 热身的动作质量目标时远没有那么有效。相反，激活与调动阶段的目标是开发运动能力并让运动员为后续环节会遇到的运动做准备——并不是为了增强柔韧性。

若继续专注于运动表现，那么还需要考虑伸展活动对热身带来的与体温相关的效应。静态伸展是专门针对肌肉的，所以一套完整的静态伸展需要不少时间。在此期间，提升阶段带来的大部分益处会消失，并且在静态伸展之后，运动员不得不再经历一遍提升阶段的情况并不少见。总之，这是一种无效的热身方式。本阶段包含的训练内容应具备动作型训练的优势，同时也要能够维持热身提升阶段的益处。这样，关注点便从伸展活动转移到了灵活性和动作能力的实现上面。

专注于灵活性

　　尽管静态伸展对热身几乎不会带来当下的益处，还可能会对运动表现有不利影响，但是我们仍然鼓励运动员在热身期间做一些扩大动作幅度的训练。关键是通过动态的、动作型的训练，而不是静态伸展来实现这一目标。因此，RAMP热身激活与调动阶段的关注点是让运动员主动完成一系列动作，以达到关键动作模式和技术所需要的关节动作幅度。这里的重点不仅在于向灵活性而非静态伸展的转变，还在于调动训练的开展方式。动态伸展的使用在过去几年内出现了大幅的增长，并且许多运动员目前将它作为首选的热身方式。这一点值得称赞，因为动态伸展有能力维持提升阶段所获得与体温相关的益处，同时避免了静态伸展的潜在负面效应。然而，在目前的热身活动中，动态伸展的执行并未达到应有的标准，因而无法发掘出激活与调动阶段的全部潜力。必须对该阶段短期和长期的目标有一个基本的理解才能确保运动表现得到优化。

　　至关重要的是，激活与调动阶段需要开发有效的动作模式并激活关键的肌群和关节。所以，该阶段内的灵活性训练需要以一种缓慢可控的方式进行，并且运动员应主动地活动至最大动作幅度。在此阶段，几乎不会进行利用惯性将关节打开至超过最大动作幅度的爆发性训练。这样，运动员便可以学习正确地激活及控制动作模式。该阶段正因这种处于完全控制之下的动作而得名。不论什么时候，代偿性的运动（身体其他部分为了完成动作而产生的运动）应当最小化，并且要强调最佳姿势和技术表现。因此，在大多数情况下，激活与调动一起出现，运动员激活正确的动作模式来获得所需的灵活性。因此，在绝大多数环节的设计中，应将关注点放在确保正确的动作模式上，并且在执行这些动作模式时应专注于提升技术熟练度。然而，有些时候也需要将具体的激活模式加入到整个训练环节中，来实现特定的激活型目标（后文会更为详细地讨论）。

专注于动作

在传统的热身活动中，所有伸展元素都专注于单个肌肉，很少会关注整体运动能力的增强（这对于提高运动表现更有影响力）。然而，激活与调动阶段的关注点在于利用动作来增强灵活性和动作熟练度。向以动作为中心的方法的转变要求识别和培养一些重要的模式，这些模式构成了绝大部分体育运动的动作基础。此外，专注于动作而不是伸展单个肌肉会让该阶段变得更为简单，并且也不会在伸展上耗费太多时间。专注于动作仍然可以解决主要肌群所需的灵活性，但关键是，它还会以一种协调的方式激活主要肌群，这种激活方式与主要肌群的运动功能相关，而不只是与解剖结构相关。因为身体生来就是要运动的，所以用运动来让它做好准备是理所当然的。

表 5.1 介绍了一些关键的关节及其相关的关键肌肉动作。传统的热身方式是找出与这些动作相关的关键肌肉，并对每块肌肉进行伸展。

关注点向动作的转移涉及考察人体所采用的主要动作模式，而不是专注于单个肌肉动作。我们可以从考察人类用来发力的主要动作模式着手。基本上，主要的发力模式可以分解成以下八个大类。

- 跳跃或三关节伸展。
- 下蹲。
- 弓步或跨步。
- 弯曲。
- 支撑。
- 旋转。
- 推。
- 拉。

观察显示，将这些发力模式组合在一起基本上可以涵盖表 5.1 所示的各个主关节处的所有关键肌肉动作，有些发力模式包含了多种动作。这些模式需要运动员具有有效移动身体的能力或将身体保持在一个其他发力模

表 5.1　关键关节以及相关的肌肉动作

关节	关键肌肉动作
踝关节	跖屈 背屈
膝关节	弯曲 伸展
髋关节	弯曲 伸展 外展 内收 内旋 外旋
肩关节	弯曲 伸展 外展 内收 绕圈 内旋 外旋
肘关节	弯曲 伸展

式可以使用的姿势。这些动作构成了基本的动作能力，而这些基本的动作能力又是执行力量型模式的基础。其中一些动作模式构成了有效运动的基础，而 RAMP 系统中所采用的动作模式便是围绕这些主要的调动（动作）模式而构建的（见图 5.1）。这样，教练便可以从每种类别中选择合适的动作，以针对所有与基础动作相关的关键关节运动、所需的关节动作幅度以及该运动中的肌肉激活进行训练。

换句话说，通过选择这些基础的动作进行训练，每次热身都能向运动员提供一个增强主要调动模式的机会。从每个类别中选择一项进行训练并围绕这些模式调整动作，这样可以在每次热身中让所有的关节和关键肌肉动作模式得到有效的训练。此外，为了实现进阶和变式，每种模式都包含一系列的运动形式，有一些模式将基础动作孤立出来，另一些则将这些动作组合起来以增加复杂度和挑战性。教练可以在每种模式中开发出各种训

弓步模式

单腿下蹲模式

支撑模式

单腿站立模式

图 5.1 调动（动作）模式分类

练形式，把所有动作都包含在内，而这反过来又以一种进阶的方式涵盖了身体每个主关节处的关键动作模式。

尽管图 5.1 所示的主要模式提供了选择运动形式的基础，但是重点要指出的是，要想完全实现激活与调动阶段的目标，需要考虑两种补充性的动作模式，并将它们与基础模式组合在一起：一是弯曲并伸手，二是旋转。将伸手或旋转动作加入基础动作模式（比如弓步）中会增加对动作稳定性以及上半身和下半身之间的分别动作的需求。这样，伸手和旋转可以融入许多动作模式（比如小腿行走 + 肩部旋转），以确保通过肩膀（在适当的时候）和躯干活动。类似地，弯曲与支撑控制的结合也是热身的一种重要补充，因为它确保了腘绳肌肌腱的激活与调动。因此，在每次热身中，弯曲模式总是需要被加入某个主要的调动模式中。

系统的开始和进阶

通过从每个基础动作模式中选择一项动作进行训练，运动员的灵活性可以得到系统性的发展，同时还能确保所有的主关节都得到合理的调动。这些动作模式最初将会是孤立的，以使运动员将关注点放在该动作模式的技巧上。然而，一旦掌握了单独的每种动作，按照 RAMP 热身省时和高效的原则，不同动作还可以有效地组合在一起来为运动员提供挑战，而这些正是他们将会在实际的体育运动中面临的挑战。例如，弓步可以与额状面旋转相结合。通常，热身会从每种调动模式中至少选择一项训练内容。此外，还可以通过动作幅度的增加、动作组合的增加以及控制要求的增加来实现运动进阶，以对运动员的运动能力提出更大的挑战。然而，整个过程中，在继续下一项挑战之前，应当始终关注运动员从本环节中获得的能力。在训练能力参差不齐的运动员时，根据个体的能力，每种模式中都应有一项不同的训练，并且能根据运动员的能力进展来进阶。这样，运动员便可以执行一套完整的虚拟训练大纲，并掌握进程中各个层级所需的能力。

处理基本的问题：激活

　　该阶段的名称特意使用了术语"激活"是出于两个原因。如之前所阐释的，主要的原因是运动员主动完成了全部动作模式，从而开发出进行连续动作所需的控制力。次要的原因是通过解决潜在的动作缺陷来开发和训练优质的动作模式。有时候，运动员在进行关键肌肉组织的恰当激活时会遇到困难，并且需要对动作模式进行反复强调。这样，如果需要有效的康复或预康复时，也可以使用该阶段的训练方式。运动员可能会面对的常见挑战包括：臀部激活模式（髋部发挥最佳功能的关键）、核心激活模式（对于脊柱稳定性和躯干的控制至关重要）、脚部激活模式以及肩关节的激活模式。髋部和肩部的球窝关节允许多个平面内的运动，这是一种既有优点又同时有缺点的构造。要获得这样的动作幅度，球窝关节对相连肌肉组织的控制程度要高于铰链关节（比如膝关节和肘关节）对相连肌肉组织的控制程度。在需要的时候，该热身阶段内可以使用特定的训练来直接进行激活，从而提供一种实现该训练形式的省时和高效的方式。有一点很重要，如果运动员已经掌握了针对这些功能的训练，那么这些训练就没有必要再包含在热身中了（这就是为什么整个阶段要通过使用图 5.1 所示的调动模式来进行激活与调动训练）。然而，如果存在任何的动作缺陷，或者偶尔需要维持运动员完成这些关键动作的能力，那么它们也可以被纳入热身活动。图 5.2 展示了 RAMP 系统中具体的激活训练的常见分类。

针对性的选择

　　正如提升阶段一样，激活与调动阶段可以针对具体的功能缺陷、具体的动作或具体的技术进行训练。这一阶段的重点将是实现所有动作模式之间的平衡，但是当出现明显的缺陷，或者运动员的发展计划需要强化某个特定的动作模式时，可以加入直接针对该模式的训练来加以强化。这是一个确保每个运动员都具备最佳运动表现所需的运动能力的完美机会。尽管过去几年

肩部激活

足部激活

臀部激活

躯干激活

图 5.2　具体的激活训练的常见分类

一直都专注于采用功能性运动筛选来评估运动员的运动能力，但是对这些动作模式的实际纠正却极少强调。专注于每次热身的激活与调动阶段是一个弥补动作缺陷，并确保运动员具备并保持有效基础运动能力的好机会。

激活与调动过程

至于选择哪些训练内容以及如何编排这些内容，激活与调动阶段为教练和运动员提供了无数种选项。与提升阶段一样，计划的制订要有短期和较长期的目标，并且应基于三项任务。

1. 识别出运动员的动作缺陷或肌肉激活模式，并选择可以解决这些缺陷或应对这些挑战的活动。
2. 识别出运动员需要在下一个环节中执行的关键动作模式（以及所需的动作幅度）。
3. 识别出运动员长期发展所需的关键动作模式。

动作缺陷与激活模式

热身可以包含分析运动员的动作缺陷和具体运动所需的激活模式这一预训练过程。这首先要对运动员在运动计划、现有伤病、动作模式或激活模式中所存在的所有问题加以识别。初始分析可以通过观察运动员的表现以及识别需要关注的方面来展开。该分析经常可能需要与教练或理疗师一起开展。在适当的时候，该阶段可能需要加入一个额外的激活部分来弥补一些明显的缺陷。我们可以选择一些针对运动员存在的具体问题进行的训练。在这些情况下，该阶段的激活元素可能会与调动阶段相分离，所选的训练也是直接针对有缺陷的模式。重要的是，该阶段不需要很长时间，这可以确保前一阶段所获得的与体温相关的益处不会消失，所以该阶段包含的针对具体能力的训练不会超过三项。

在许多情况下，运动员并不需要这种更偏向纠正型的训练分析，因此教练可以继续进行第二项任务，即识别出下一个环节所需的关键动作模式。

在下一环节中执行的关键动作

该分析会考察下一个环节执行的动作模式，并确保运动员达到了这些运动所需的全部动作幅度。动作模式的选择可以相对综合，该选择涉及大多数主要的动作模式，同时还能识别出各主关节处的关键动作。再次强调，因为许多动作由多个关节完成，所以我们可以设计出一个省时高效的激活与调动模式。通常来说 4~5 个动作就足够了，每个动作做 8~12 次，通常需要 3~5 分钟来完成。起初可以原地做动作，一旦掌握之后，就可以边移动边做动作。为了便于组织构造，可以采用与提升阶段相同的设置，即运动员在两个相距 10 米的圆锥筒之间移动。

长期发展的关键动作

最后的任务只与有效的长期计划有关。在这一环节中，最佳的运动表现所需的关键动作模式被识别出来，并被纳入训练计划。这让关键动作模式得到了大量的训练，但是却没有增加额外的训练时间，从而实现了更高的训练效率。与提升阶段的动作模式一样，没必要每次热身都包含所有动作模式，这些动作模式可以分布在各个环节中。这需要较为长期的计划，但这也能使训练效率更高。

在激活与调动阶段之后，运动员理应保持了提升阶段得到的益处，又获得了激活与调动阶段所得到的益处。现在，他们已经为进入增强阶段时目标动作与技术的强度增加做好了充分的准备。

接下来的内容包含了可用于激活与调动阶段的一系列训练方法。通过从图 5.1 所示的四种分类中各选一个训练项目进行训练，运动员将能激活与调动最佳运动表现所需的关键关节以及动作模式。务必将伸手或旋转以及弯曲模式加入至少一种所选的动作中，从而使肩部和腘绳肌肌腱得到合适的激活。（对于没有特定激活问题的运动员，训练内容的选择应当只基于调动模式。）

列在每种动作模式下面的训练，其挑战水平依次递增。因此，初级运动员应当选择初始训练，以确保自己可以成功掌握基础动作模式。随着能力的提高，运动员可以跟着每种分类中的训练列表进行进阶式训练。

在有些情况中，运动员可以从对潜在激活模式的特别关注中获益，他们可以选择少量的训练来解决肩部、髋部、躯干或足部的具体问题。这些训练应被当作是特定的激活训练，因此它们没必要被纳入激活与调动阶段。

激活训练

动作名称	页码
肩部激活训练	
外旋	67
内旋	68
Y 形	69
T 形	70
L 形	71
足部激活训练	
外翻、内翻、外展、内收、跖屈、背屈	72
缩脚	74
臀部激活训练	
俯卧抬腿	75
臀桥	76
单腿臀桥	77
单腿臀桥 + 腿部屈伸	78
弹力圈行进（侧向）	79
弹力圈行进（向前）	80
躯干激活训练	
平板支撑	81
平板支撑 + 抬臂	82
平板支撑 + 抬腿	83
平板支撑 + 抬臂抬腿	84
侧平板支撑	85
侧平板支撑进阶	86

肩部激活训练

外旋

动作

将一根弹性阻力带连接在一个固定点上，或者让搭档握住阻力带。运动员握住阻力带的另一端，并与固定端呈 90 度角站立。握住阻力带一侧的上臂紧贴身体一侧，肘部弯曲至 90 度，前臂指向正前方。只用肩部发力，将阻力带拉离身体，即在肩部向外旋转上臂。

关键执教点

要确保肩部的动作只由肩部发力，而不是通过其他部位的代偿运动。

变式

调节阻力大小以适应运动员的能力。

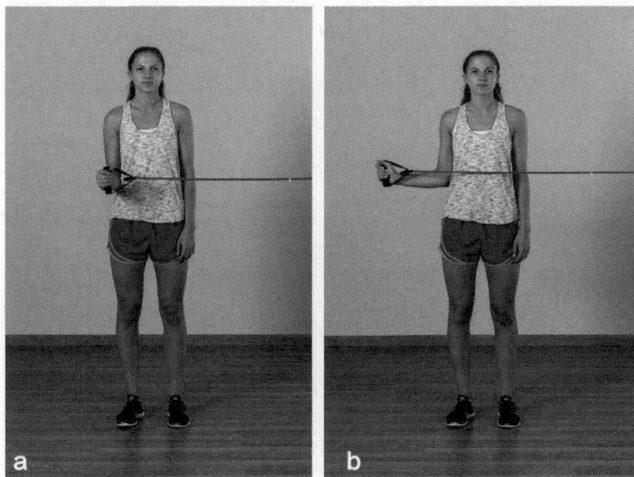

图 5.3 外旋

内旋

动作

将一根弹性阻力带连接在一个固定点上，或者让搭档握住阻力带。运动员握住弹性阻力带的另一端，并与固定端呈 90 度角站立。握住阻力带一侧的上臂紧贴身体一侧，肘部弯曲至 90 度，并从体侧向外打开到 90 度。只用肩部发力，将阻力带拉向身体中线，即在肩部向内旋转上臂。

关键执教点

要确保肩部的动作只由肩部发力，而不是通过其他部位的代偿运动。

变式

调节阻力大小以适应运动员的能力。

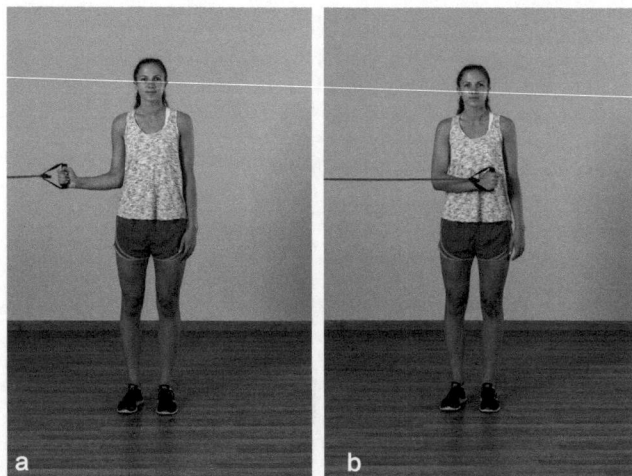

图 5.4　内旋

Y 形

动作

　　双脚分开，与肩同宽站立，髋部弯曲，躯干前倾与地面呈 45 度角。双臂沿肩部方向向上、向外伸展，大拇指朝前。臀部和腰部向后、向下，收紧肩胛骨，同时举起双臂，与头部齐平（躯干和双臂形成一个"Y"形）。

关键执教点

- 通过肩胛骨带动动作。
- 始终保持大拇指翘起。
- 动作始终缓慢可控。

图 5.5 Y 形

T 形

动作

双脚分开，与肩同宽站立，髋部弯曲，躯干前倾与地面呈 45 度角。双臂沿肩部方向向上、向外伸展，掌心朝向身体。将肩胛骨向脊柱方向收紧，同时将双臂举高至两侧，与身体呈 90 度角。

关键执教点

- 通过肩胛骨带动动作。
- 动作始终缓慢可控。

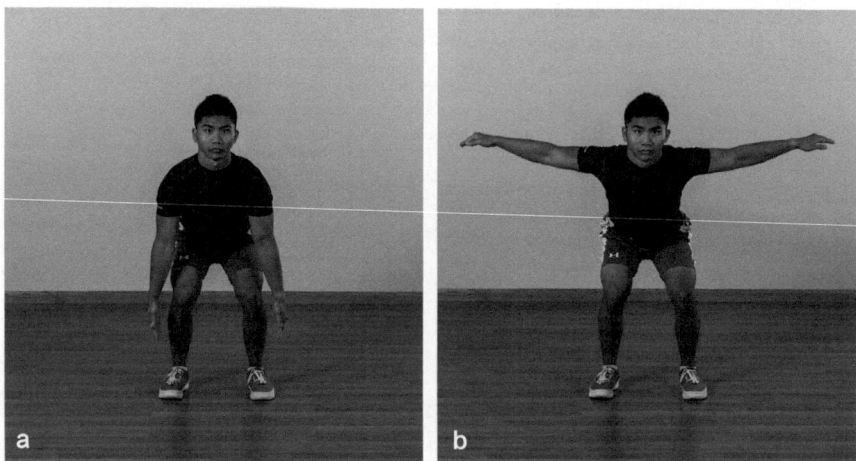

图 5.6　T 形

L 形

动作

　　双脚分开，与肩同宽站立，髋部弯曲，躯干前倾与地面呈 45 度角。双臂向上抬起，上臂与肩膀基本呈一条直线，肘部弯曲，使前臂基本与地面垂直，手背朝前。肩胛骨向中间收紧，将手臂抬到上臂与躯干齐平为止，肘部弯曲至 90 度。从该姿势开始，在肩部向外旋转双臂，带动双手向前、向上抬起，同时保持上臂与躯干齐平。

关键执教点

- 通过肩胛骨带动动作。
- 肩部和双臂的动作只由肩部和双臂发力，没有代偿运动。
- 动作始终缓慢可控。

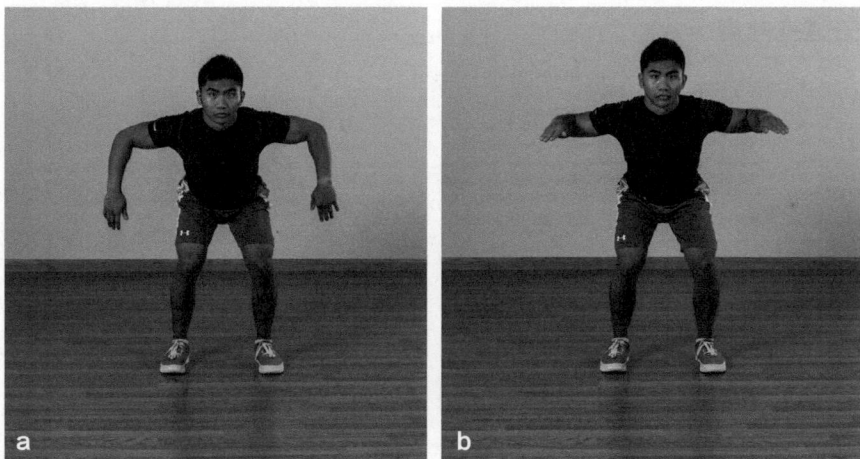

图 5.7 L 形

足部激活训练

外翻、内翻、外展、内收、跖屈、背屈

此训练赤足进行最为理想，但是在无法实现的情况下也可以穿着鞋进行。

动作

挺直坐正，双腿向前伸展，双膝弯曲至 90 度。双脚处于舒服的中立位，脚跟着地，脚跟将作为后续运动的支点。主动转动双脚，脚掌远离身体，双脚外侧靠近身体（外翻）。返回至起始姿势，再转动双脚，脚掌靠近身体，双脚的外侧远离身体（内翻）。返回至起始姿势，接着主动将脚趾向外打开到最远位置（外展）。返回至起始姿势，接着将脚趾向内靠拢到最紧（内收）。返回至起始姿势，接着将脚趾尽可能地朝前指（跖屈）。返回至起始姿势，接着将脚趾尽可能地朝后拉向身体（背屈）。所有的动作重复所需的次数。

关键执教点

- 仅限于在脚跟支撑点附近进行运动。
- 每个姿势保持 1 秒。
- 动作始终缓慢可控。

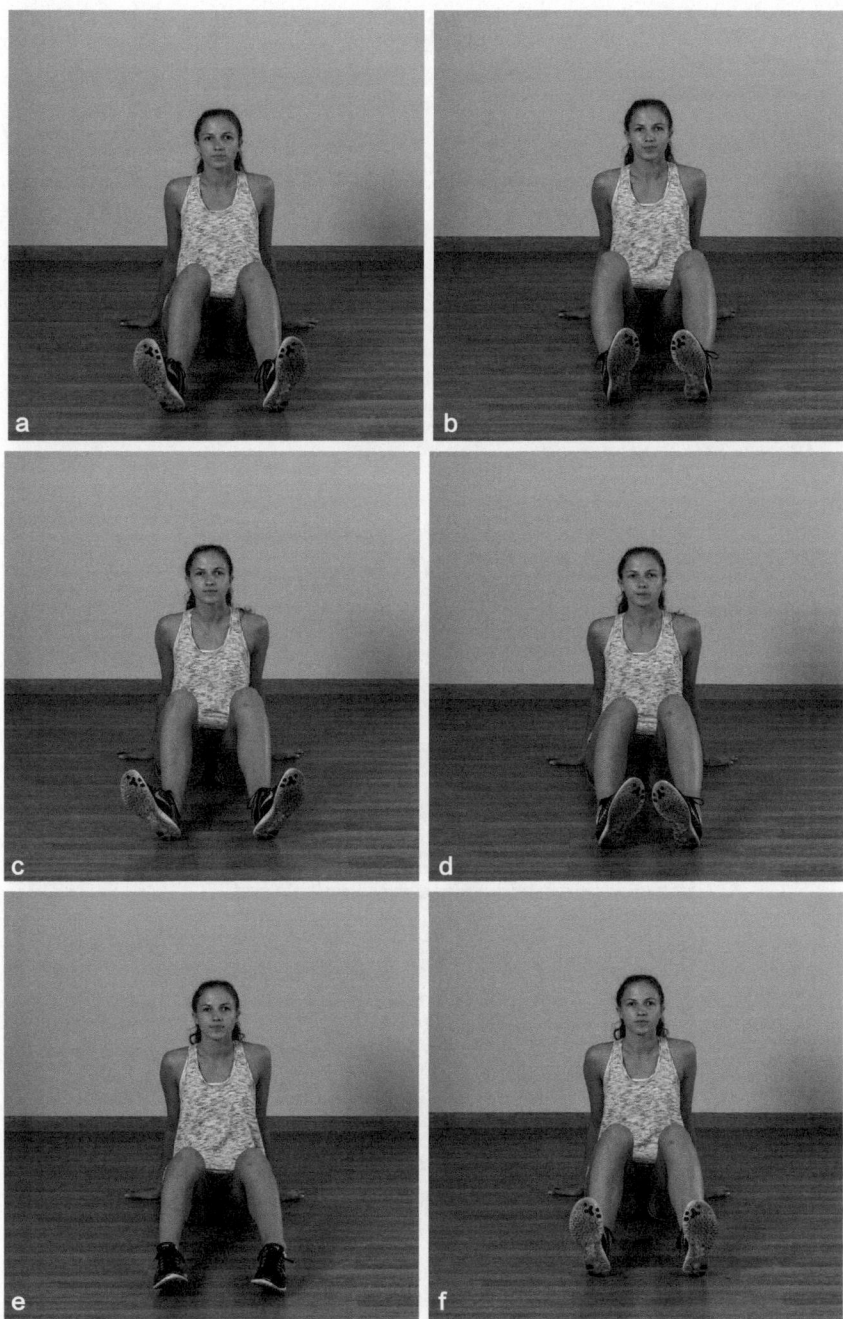

图 5.8 足部激活训练：a.外翻；b.内翻；c.外展；d.内收；e.跖屈；f.背屈

缩脚

动作

该动作可以从坐姿开始，掌握要点之后，就要采用站姿并且膝盖保持放松（双膝微弯）。将双脚平放在地面上，脚跟和脚趾都接触地面，脚跟将作为后续动作的支点。保持脚趾和脚跟与地面接触，收缩脚部肌肉，将足弓尽可能高地抬起。缓慢地将足弓降低至起始姿势。重复所需的次数。

关键执教点

- 保持脚趾平放在地面上，不要蜷缩。
- 动作始终缓慢可控。

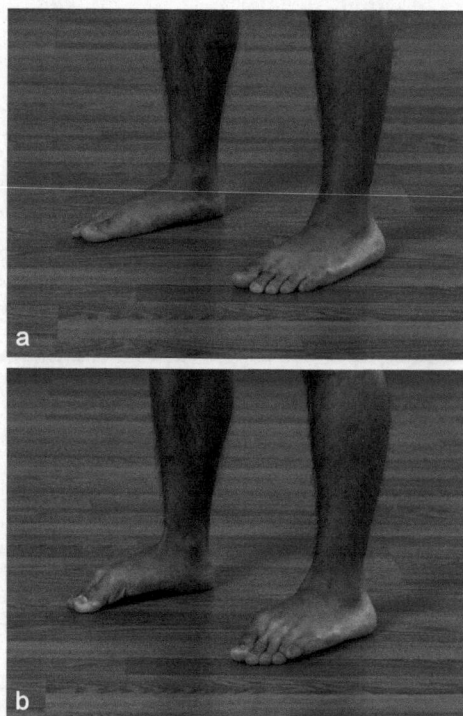

图5.9 缩脚

臀部激活训练

俯卧抬腿

动作

　　俯卧（脸朝下）姿势，双臂在体侧弯曲。激活臀部，抬起右腿，大腿距离地面5~8厘米。保持该姿势1秒，并回到起始姿势。左腿重复进行刚才的动作。重复所需的次数。

关键执教点

- 臀部的运动只由臀部发力。
- 确保没有代偿运动，尤其是腰部。
- 动作始终缓慢可控。

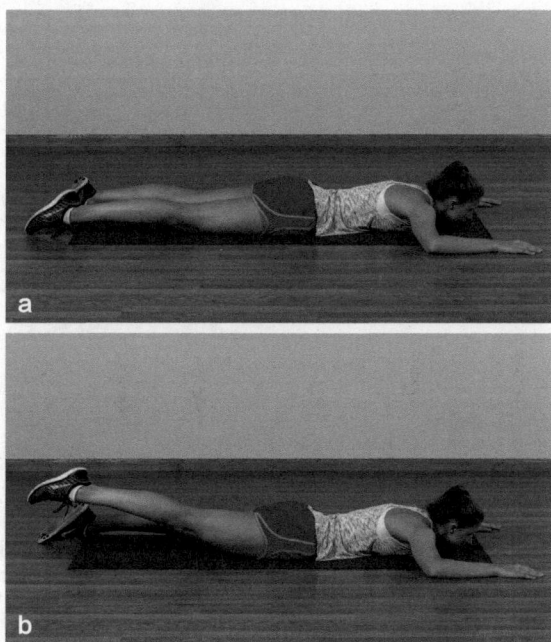

图5.10 俯卧抬腿

臀桥

执行该动作时，双臂要完全伸展，并且掌心朝下，以减少背阔肌发力，有助于使臀部动作只由臀部发力。

动作

仰卧（脸朝上），双膝弯曲至 90 度，双脚稍微靠近臀部。脚跟着地，脚趾向上抬起离地。双臂直接放在身体两侧，掌心朝下。挤压臀部，就像用臀部用力夹住一枚硬币一样。脚跟向下蹬地，支撑起身体，使肩部、臀部以及双膝处于同一条直线。保持该姿势 1 秒，并返回至起始姿势。重复所需的次数。

关键执教点

- 通过臀部发力发起动作。
- 动作始终缓慢可控。

变式

- 双臂可以保持在头顶的正上方，以给运动员施加额外的平衡性挑战。
- 结束姿势可以保持不同的时长。
- 双膝可以套一个弹力圈来进一步刺激臀部（尤其是臀中肌）。

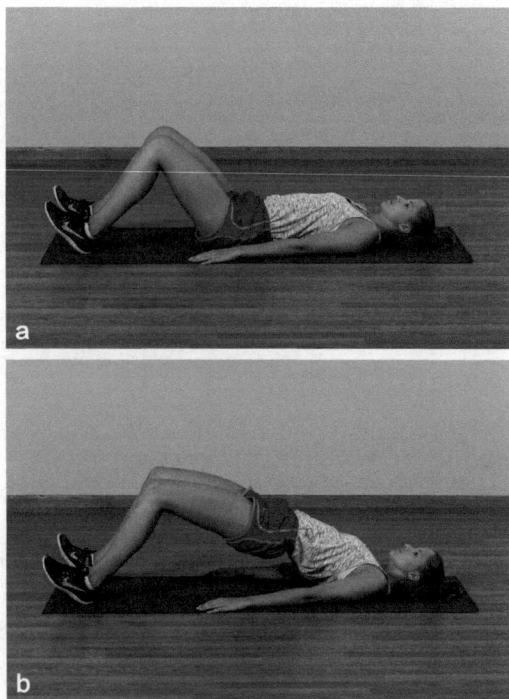

图 5.11　臀桥

单腿臀桥

动作

起始姿势与双腿臀桥一样。将右脚跟抬离地面，左脚跟用力蹬地，将身体向上抬至臀桥姿势。保持该姿势 1 秒，返回至起始姿势，换腿进行练习。重复所需的次数，或者保持结束姿势直到达到所需的时间。

关键执教点

- 通过臀部发力发起动作。
- 动作始终缓慢可控。
- 保持身体动作不变形并确保没有代偿运动。

变式

- 手臂姿势可以变化。
- 结束姿势可以保持不同的时长。
- 非支撑腿可以完全伸展。

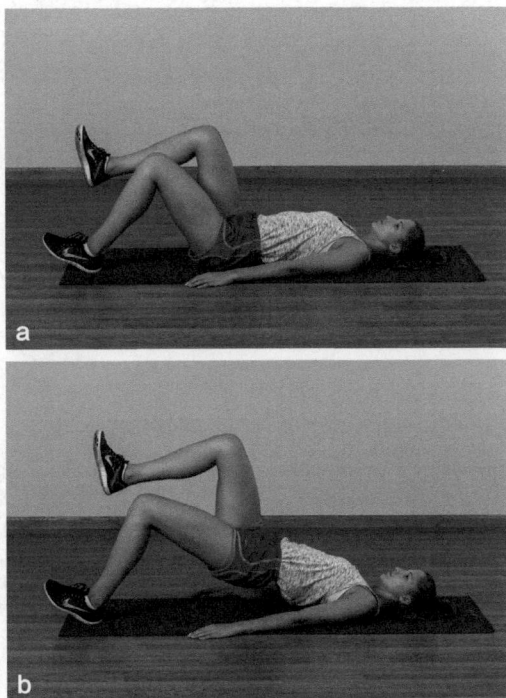

图 5.12 单腿臀桥

单腿臀桥 + 腿部屈伸

动作

起始姿势与双腿臀桥一样。将右脚跟抬离地面，左脚跟用力蹬地将身体向上抬至臀桥姿势。缓慢地伸展右腿，保持该姿势 1 秒，返回至起始姿势，并换腿重复。重复所需的次数，或者保持结束姿势直到达到所需的时间。

关键执教点

- 通过臀部发力发起动作。
- 动作始终缓慢可控。
- 保持身体动作不变形并确保没有代偿运动。

变式

- 手臂姿势可以变化。
- 可以保持结束姿势，
  也可以在该姿势下连
  续执行动作。

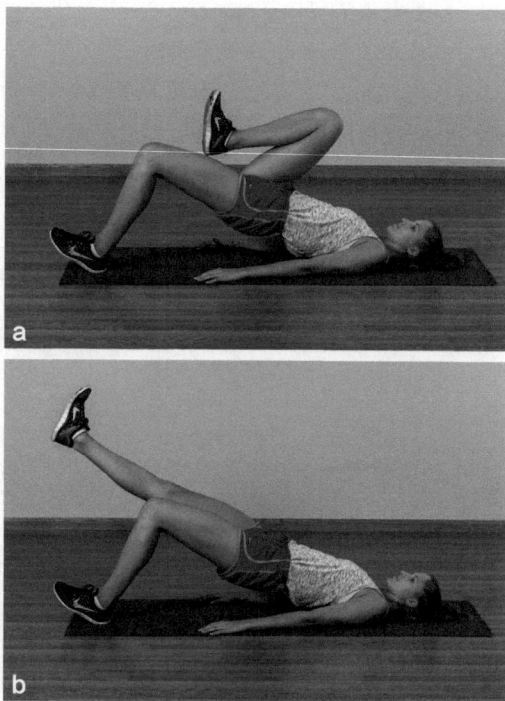

图 5.13　单腿臀桥 + 腿部屈伸

弹力圈行进（侧向）

动作

双脚分开，与髋同宽站立，将弹力圈套在脚踝上方位置。髋部微屈至竞技准备姿势。左腿蹬地，右腿同时向右侧移动。小步收回左腿，让双脚回到与髋同宽的位置。

关键执教点

- 确保迈步动作通过臀部发力产生。
- 保持有效的姿势。
- 始终不要让双脚之间的距离窄于髋部宽度。
- 动作始终缓慢可控。

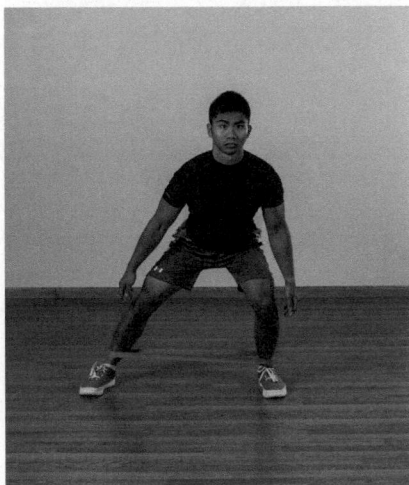

图 5.14 弹力圈行进（侧向）

弹力圈行进（向前）

动作

双脚分开，与髋同宽站立，弹力圈套在脚踝上方位置。髋部微屈至竞技准备姿势。用缓慢的行进动作向前走动，始终保持双脚与髋同宽。重复所需的次数。

关键执教点

- 臀部保持紧张。
- 保持有效的姿势。
- 不要让双脚分开的距离窄于髋部宽度。
- 动作始终缓慢可控。

图 5.15 弹力圈行进（向前）

躯干激活训练

平板支撑

动作

俯卧（脸朝下），上臂垂直放在肩部下方，重量落在双肘上。（也可以用双臂完全伸直的标准俯卧撑姿势来进行。）臀部抬离地面，形成脚踝、膝盖、髋部至肩部在一条直线上的姿势。头部保持中立位。保持该姿势 1 秒，然后返回至俯卧姿势。重复所需的次数或保持结束姿势直到达到所需的时间。

关键执教点

始终保持身体动作不变形。

变式

- 对于所有的平板支撑动作：根据运动员的能力，保持支撑姿势的时间可以增加至 5 秒。
- 对于所有的平板支撑动作：可以用支撑姿势的保持时间来计算训练量，而不是重复的次数。

图 5.16 平板支撑

平板支撑 + 抬臂

动作

起始为平板支撑姿势（双肘支撑或直臂支撑）。将一只手臂抬离地面，确保身体其他部位没有移动。保持该姿势 1 秒，接着放下手臂，并抬起另一只手臂。重复所需的次数或支撑直到达到所需的时间。

关键执教点

- 始终保持身体动作不变形。
- 手臂抬起的过程中不应该出现代偿运动。

变式

起初只要将手抬起即可，但是随着能力的提高要将整只手臂都抬起。

图 5.17 平板支撑 + 抬臂

平板支撑 + 抬腿

动作

起始为平板支撑姿势（双肘支撑或直臂支撑）。将一条腿抬离地面，确保身体其他部位没有移动。保持该姿势 1 秒，接着放下腿，然后抬起另一条腿。重复所需的次数。

关键执教点

- 始终保持身体动作不变形。
- 腿部抬起的过程中不应该出现代偿运动。
- 动作始终缓慢可控。

变式

该动作可以用支撑时间，而不是重复次数来计算训练量（确保两腿支撑时间一样长）。

图 5.18 平板支撑 + 抬腿

平板支撑 + 抬臂抬腿

动作

起始为平板支撑姿势（双肘支撑或直臂支撑）。同时将右腿和左臂抬离地面，确保身体其他部位不动。放下腿和手臂，抬起对侧腿和手臂，交替重复动作，完成所需的次数。

关键执教点

- 始终保持身体动作不变形。
- 腿部抬起的过程中不应出现代偿运动。
- 动作始终缓慢可控。

变式

- 可以抬起同侧的手臂和腿，而不是对侧手臂和腿，以增加挑战。
- 该动作可以用支撑时间，而不是重复次数来计算训练量（确保两腿支撑时间一样长）。

图 5.19 平板支撑 + 抬臂抬腿

侧平板支撑

动作

侧卧，前臂放在地上，肘部在肩部正下方。肘部撑地，身体抬起，从脚踝、膝盖、臀部、肩部至耳朵形成一条直线，没有任何的下垂或弯曲。保持该姿势 1 秒并返回至起始姿势。重复所需的次数。

关键执教点

确保从前面和侧面看时，身体都呈一条直线。

变式

可以长时间保持结束姿势（如 20 秒），而不是重复很多次。

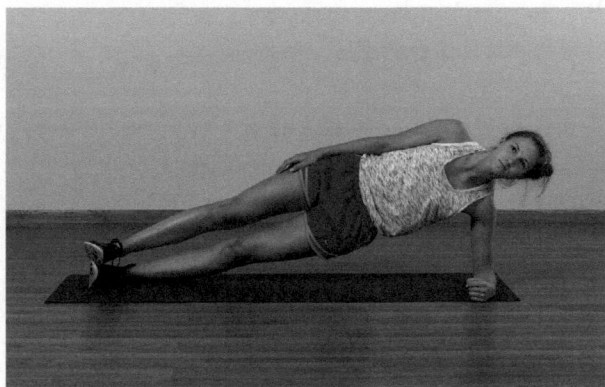

图 5.20 侧平板支撑

侧平板支撑进阶

动作

　　侧卧，前臂放在地上，肘部在肩部正下方。肘部撑地，身体抬起，从脚踝、膝盖、臀部、肩部至耳朵形成一条直线，没有任何的下垂或弯曲。保持该结束姿势，并执行下列进阶动作之一，用另一条腿和手臂组合重复所需的次数。

- 将上侧的手臂笔直举至身体上方并保持。
- 抬起上侧的腿，朝前勾起脚尖并保持。
- 将上侧的手臂和腿同时举起至星形姿势并保持。
- 从星形姿势开始，上侧腿的膝关节屈伸。
- 从星形姿势开始，上侧腿的大腿屈伸。

关键执教点

- 确保从前面和侧面看身体都呈一条直线。
- 确保进阶时不会出现代偿运动。
- 该动作可以用支撑时间，而不是重复次数来计算训练量（确保两侧腿支撑时间一样长）。

图 5.21　侧平板支撑进阶：a. 手臂笔直举在身体上方；b. 抬起上侧腿；c. 将上侧手臂和腿举至星形姿势；d. 从星形姿势开始做上侧膝盖屈伸；e. 从星形姿势开始做上侧大腿屈伸

调动训练

动作名称	页码
支撑模式	
平板支撑 + 伸腿	118
平板支撑 + 旋转踢腿	119
尺蠖爬行	120
尺蠖爬行 + 旋转	122
尺蠖爬行 + 对侧手脚接触	123
尺蠖爬行至星形旋转	124
尺蠖爬行 + 髋部屈伸	125
俯卧撑腿交替前跨	126
登山者	127
俯卧撑爬行	128
熊爬	129
蜘蛛人爬行	130
侧向爬行	131
鳄鱼爬行	132
侧向翻滚	133
单腿站立模式	
小腿行走	134
小腿行走 + 肩部旋转	135
单腿屈膝	136
单腿屈膝 + 内旋	137
单腿膝盖屈伸	138
单腿主动向前直抬腿	139
单腿硬拉	140
单腿站立 + 动作	141
单腿站立 + 水平外展和内收	142
髋部行走	143
单腿由低到高	144

弓步模式

该系列中的所有弓步都可以原地进行动作（例如，执行弓步动作后返回起始姿势），或者可以保持弓步动作走过给定的距离。

弓步

动作

用标准直立姿势站直，双臂位于体侧。向前迈一步，前脚掌平放在地面上，小腿与地面呈 90 度角。朝地面降低身体，确保后腿膝盖离地，后腿尽可能伸直。

关键执教点

- 前侧的小腿应与地面呈 90 度角。
- 前腿应该下降至大腿与地面平行的位置。
- 前侧腿的膝盖与脚趾面向身体的正前方。
- 躯干应当挺直。
- 后腿的膝盖不应该接触地面。

变式

双臂可以举过头顶以增加挑战，并强调躯干保持挺直姿势。

图 5.22 弓步

一旦掌握了基本的弓步动作，便可以加入下面的弓步动作。重要的是，在增加动作复杂度之前要确保已经熟练掌握了基本的弓步动作。

反弓步

动作

昂首挺直站立，双臂位于体侧。向后迈步形成弓步，前脚掌平放在地面上，小腿与地面呈 90 度角。返回至起始姿势，换腿重复。

关键执教点

- 前腿应该下降至大腿与地面平行的位置。
- 收缩后侧腿的臀部以促进伸展。

图 5.23 反弓步

弓步 + 矢状面伸手

动作

用标准直立姿势站立，双臂位于体侧。向前迈一步，前脚掌平放在地面上，小腿与地面呈 90 度角。朝地面降低身体，确保身体挺直，后腿膝盖离地。在保持前脚掌踩实地面的同时将双手向前伸至最远。返回至起始姿势，接着尽可能向后伸手，全程保持臀部处于低位，并且前脚掌平放在地面上。

关键执教点

- 动作缓慢可控。
- 伸手到最远处，但是前脚掌必须保持平放在地面上，保持身体动作不变形。

变式

可以手握一个实心球或运动球。

图 5.24　弓步 + 矢状面伸手

弓步 + 冠状面旋转

动作

用标准直立姿势站立，双臂位于体侧。左腿向前迈一步，脚掌平放在地面上，小腿与地面呈 90 度角。朝地面降低身体，保持右膝盖离地，右腿尽可能伸直。在弓步姿势的基础上，将右臂高举到头顶上方，并向左摆，同时左臂垂向地面。逆序进行动作以返回至起始站立姿势，在另一侧重复动作。

关键执教点

- 前侧小腿应与地面呈 90 度角。
- 前侧腿应该下降至大腿与地面平行的位置。
- 前侧腿的膝盖朝向正前方，与脚趾对齐。
- 以弓步姿势保持身体稳定，准备好之后再旋转。
- 整个旋转过程中身体始终应当保持挺直。
- 整个旋转动作可控。

图 5.25 弓步 + 冠状面旋转

反弓步 + 冠状面旋转

动作

用标准直立姿势站立，双臂位于体侧。左腿向后迈一步，保持右脚掌平放在地面上，小腿与地面呈90度角。朝地面降低身体，保持左膝盖离地，左腿尽可能伸直。在弓步姿势的基础上，将左臂高举到头顶上方，并向右摆，同时右臂垂向地面。逆序进行动作以返回至起始站立姿势，在另一侧重复动作。

关键执教点

- 以弓步姿势保持身体稳定，准备好之后再旋转。
- 收缩后侧腿的臀部以促进伸展。
- 整个旋转过程中身体始终应当保持挺直。
- 整个旋转动作可控。

图 5.26　反弓步 + 冠状面旋转

弓步 + 水平面旋转

动作

用标准直立姿势站立，双臂位于体侧。左腿向前迈一步，脚掌平放在地面上，并且小腿与地面呈 90 度角。朝地面降低身体，保持右膝盖离地，右腿尽可能伸直。在弓步姿势的基础上，双臂向身体两侧伸出，与地面平行。保持躯干挺直，尽可能地向左旋转（在水平面上）。逆序进行动作以返回至起始站立姿势，在另一侧重复动作。

关键执教点

- 前侧小腿应与地面呈 90 度角。
- 前侧腿应该下降至大腿与地面平行的位置。
- 前侧的膝盖应该正对前方，与脚趾对齐。
- 以弓步姿势保持身体稳定，准备好之后再旋转。
- 整个旋转过程中身体始终应当保持挺直。
- 整个旋转动作可控。

图 5.27 弓步 + 水平面旋转

弓步 + 肘部至脚背

动作

　　用标准直立姿势站立，双臂位于体侧。左腿向前迈一步，脚掌平放在地面上，小腿与地面呈 90 度角。朝地面降低身体，保持右膝盖离地，右腿尽可能伸直。在弓步姿势的基础上，将右手放在地上，右臂与左小腿基本平行。髋部向前倾，左侧肘部尽可能接近左脚踝。逆序进行动作以返回至起始站立姿势，在另一侧重复动作。

关键执教点

- 前侧小腿应与地面呈 90 度角。
- 前侧腿应该下降至大腿与地面平行的位置。
- 前侧的膝盖应该朝向前方，与脚趾对齐。
- 整个旋转动作可控。

图 5.28　弓步 + 肘部至脚背

弓步 + 低位冠状面旋转

动作

用标准直立姿势站立，双臂位于体侧。左腿向前迈一步，脚掌平放在地面上，小腿与地面呈 90 度角。朝地面降低身体，保持右膝盖离地，右腿尽可能伸直。在弓步姿势的基础上，将右手放在地上，右臂与左小腿平行。接着，保持躯干处于中立位，尽可能将左臂向上伸。逆序进行动作以返回至起始站立姿势，在另一侧重复动作。

关键执教点

- 前侧小腿应与地面呈 90 度角。
- 前侧腿应该下降至大腿与地面平行的位置。
- 前侧的膝盖应该正对前方，与脚趾对齐。
- 整个旋转动作可控。
- 整个旋转过程中躯干始终处于中立位。
- 旋转期间，保持前膝盖与脚在一条直线上。

图 5.29 弓步 + 低位冠状面旋转

弓步 + 前腿伸展

动作

用标准直立姿势站立,双臂位于体侧。左腿向前迈一步,脚掌平放在地面上,小腿与地面呈 90 度角。朝地面降低身体,保持右膝盖离地,右腿尽可能伸直。在弓步姿势的基础上,向前伸手,并将双手放在左脚旁边的地面上。同时伸展左膝盖(理想情况是完全伸展)。逆序进行动作以返回至起始站立姿势,在另一侧重复动作。

关键执教点

- 前侧小腿应与地面呈 90 度角。
- 前侧腿应该下降至大腿与地面平行的位置。
- 前侧的膝盖应该正对前方,与脚趾对齐。

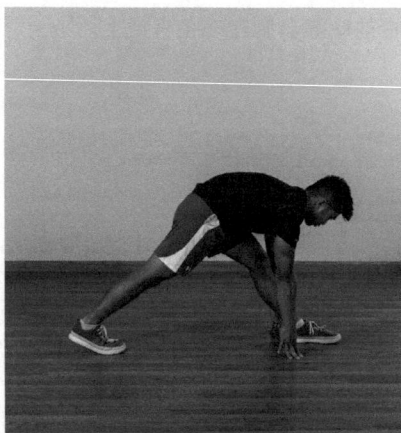

图 5.30 弓步 + 前腿伸展

侧弓步

动作

挺直站立，双臂位于体侧。向右迈一步，保持脚尖朝前，接着重心转移到右腿上。同时，将臀部尽可能地向后、向下坐，双臂在体前伸直保持平衡。左膝盖尽可能伸直，左腿上的重量要向左脚的内侧转移。右腿蹬地以返回至起始姿势，在另一侧重复动作。

关键执教点

- 始终保持身体动作不变形。
- 保持前侧脚脚尖朝前。
- 前脚掌应当保持平放在地面上。

变式

执行动作时可以在两个圆锥筒之间移动或站在原地。如果在两个圆锥筒之间移动，那么出去的途中在右侧执行所有的动作，回来的途中在左侧执行所有的动作。

图 5.31 侧弓步

弓步下沉

动作

挺直站立，双臂位于体侧。右腿向后、向左侧迈，越过身体并将右脚放在左腿外侧。摆正髋部使其正对前方，向后、向下坐，保持躯干挺直。向后蹬地以返回至起始姿势，在另一侧重复动作。

关键执教点

- 始终保持对姿势的控制。
- 保持前脚掌平放在地面上。

图5.32 弓步下沉

速滑式弓步

动作

挺直站立，双脚分开与髋同宽，双臂位于体侧。将重心转移到左腿上，同时臀部向后、向下坐，右腿向后、向左侧越过左脚到达尽可能远的位置，并保持姿势标准。向后蹬地返回至起始姿势，在另一侧重复动作。

关键执教点

- 始终保持对姿势的控制。
- 保持前脚掌平放在地面上。

变式

可以从缓慢且可控的动作进阶至有节奏的动作，不过动作技巧始终都是重点。

图 5.33 速滑式弓步

下蹲模式

与弓步模式一样，下蹲模式的训练动作可以在原地进行，也可以进行连续动作走过给定的距离。

脚跟—脚趾重心切换

动作

保持高位竞技准备姿势，脊柱处于中立位，双脚分开与肩同宽。身体向后倾至脚跟着地，返回至起始姿势。尽可能向上踮起脚尖，返回至起始姿势。以有节奏的方式完成所需的重复次数。

关键执教点

动作应由下肢发起，上半身的姿势保持不变。

图5.34　脚跟—脚趾重心切换

下蹲

动作

双脚分开，略宽于髋站立，双手位于体侧。双臂笔直朝前举至与地面平行，同时弯曲双膝和髋部。臀部向后、向下坐，逐渐到达大腿与地面基本平行的位置。双脚蹬地以返回至起始姿势。

关键执教点

- 确保动作由髋部和膝盖同时发起。
- 保持躯干处于中立位并挺胸。
- 保持双脚掌平放在地面上。
- 理想情况下，后背和小腿与地面形成的夹角应当相等。

变式

可以采用各种各样的手臂姿势。

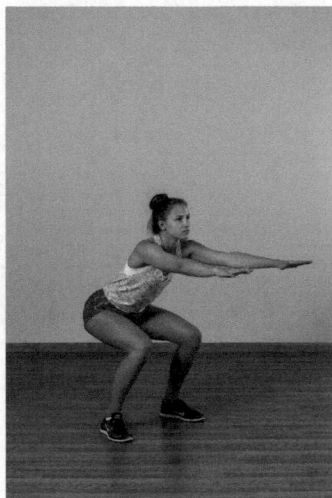

图 5.35 下蹲

下蹲和重心移动

动作

降至全蹲姿势。保持该姿势，将重心向右转移至右侧小腿与右脚垂直的位置。同时，将重量转移到右脚外侧。接着将左腿上的重量转移到左脚的内侧。返回至起始姿势，接着在左侧重复动作。

关键执教点

- 动作只由小腿发力。
- 上半身或髋部不应该出现明显的姿势变化。

图 5.36 下蹲和重心移动

下蹲和伸手

动作

从下蹲姿势开始，将双臂向前伸，接着向右伸，然后向左伸，接下来向身体的右后方伸展双臂，同样向身体左后方重复相同的动作。这将会使重心沿着伸手的方向转移。返回至起始姿势并重复动作，力争每次都伸得更远一些，但是始终都要保持动作技术的准确。

关键执教点

- 除了重心的转移之外，下半身的姿势不应该改变，并且所有的动作由上半身发起。
- 始终保持优质的下蹲姿势。

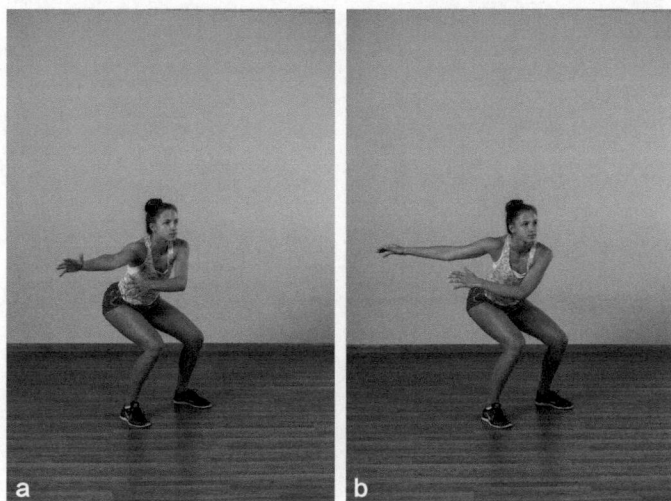

图 5.37 下蹲和伸手：a. 向侧面伸手；b. 向后方伸手

下蹲 + 过顶伸手

动作

从下蹲姿势开始，将右臂向上举至超过头顶后放下。接着举起左臂并放下。最终举起双臂并放下。双脚蹬地以返回至起始姿势并重复动作。

关键执教点

- 下半身的姿势不应该改变，并且所有的动作都由上半身发起。
- 始终保持优质的下蹲姿势。

图 5.38　下蹲 + 过顶伸手：a. 单臂；b. 双臂

下蹲＋侧移

动作

从全蹲姿势开始，将重心转移至左腿，并将右腿向右侧伸出。接着将重心转移至右腿，并将左腿向左侧伸出。将重心转回中间并保持平衡，返回至起始姿势并重复动作。

关键执教点

- 始终都应保持优质的下蹲姿势。
- 上半身姿势不应改变。

变式

- 在反转并返回至另一个方向之前，所有动作可以都沿着一个方向进行。
- 还可以在一个跨栏架或类似的障碍物下移动。

图 5.39　下蹲＋侧移：a. 起始；b. 向左转移重心；c. 向右转移重心

下蹲 + 伸腿

动作

从下蹲姿势开始，将右腿抬离地面，伸展右膝盖，将右脚踝背屈至呈 90 度角，并将脚跟放在地面上。许多运动员会觉得该姿势难以实现，他们在最初可能不得不限制下蹲的深度，但可以随着时间缓慢进阶。返回至起始姿势并用另一条腿重复动作。

关键执教点

- 这个动作只由移动腿的运动完成，运动过程中应保持下蹲动作的质量。
- 整个过程中躯干应当保持中立。

图 5.40 下蹲 + 伸腿

下蹲 + 跪地

动作

从下蹲姿势开始，向前压膝盖，直到跪在地上为止。逆序进行动作以返回至下蹲姿势。重复动作所需的次数。

关键执教点

- 只有腿部运动。
- 保持躯干的中立。

图 5.41　下蹲 + 跪地

单腿下蹲

动作

开始时，双脚分开与肩同宽，双臂垂于体侧。将重心转移到左脚上，下蹲至平衡位置（技巧和姿势的完整性能够在该位置得以保持，并且如果低于该位置，技巧或姿势甚至二者的完整性都会开始变差）。左脚蹬地以返回至起始姿势。重复所需的次数，换另一条腿重复动作。

关键执教点

- 只要下蹲到平衡位置即可。
- 在整个过程中始终都要保持动作技术和姿势准确。

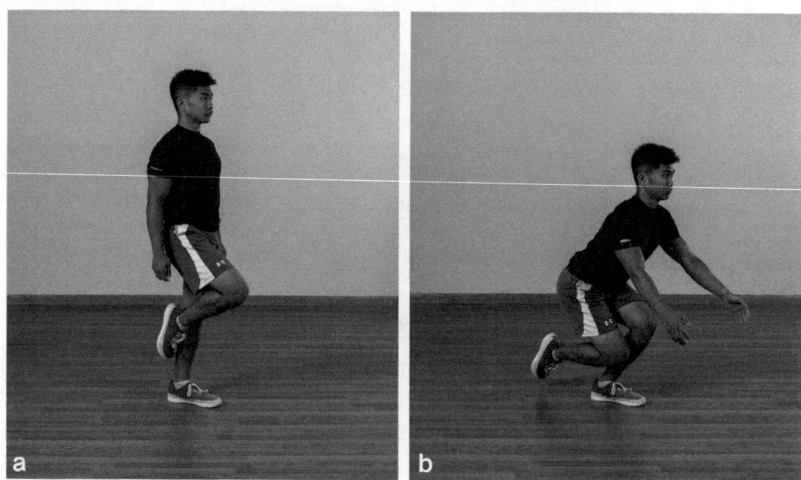

图 5.42　单腿下蹲

过顶下蹲

动作

双脚分开，略宽于髋部站立，脚尖朝前或微微向外打开。双手握住一根横杆并将它举到头顶上方。如果没有可用的横杆，可以使用一条阻力带（或徒手将双臂举到头顶上方）。同时屈膝、屈髋，臀部向后、向下坐，直至大腿与地面平行。双脚蹬地以返回至起始姿势。

关键执教点

- 确保动作同时发起于髋部和膝盖。
- 保持躯干中立并挺胸。
- 保持双脚平放在地面上。
- 理想情况下，后背和小腿与地面形成的夹角应当相等。

图 5.43 过顶下蹲

下蹲抓脚趾并伸展

动作

双脚分开，略宽于髋部站立，脚尖朝前或微微向外打开。同时屈膝、屈髋，臀部向后、向下坐至全蹲姿势。将手指直接放在脚趾下面，接着伸膝、伸髋，直至膝盖尽可能伸直。返回至下蹲姿势，并重复伸展部分动作，完成所需的次数。

关键执教点

- 保持双脚平放在地面上。
- 腿部伸展应当在完全控制之下进行。

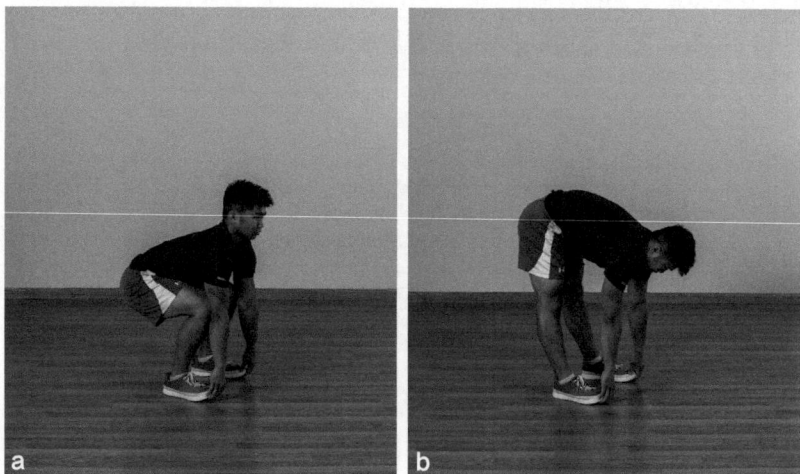

图 5.44 下蹲抓脚趾并伸展

背滚至下蹲

动作

仰卧（脸朝上），双膝贴紧胸部，双手抱住膝盖就位。滚向头部方向，接着再向前滚，前后各3次。在第三次时，将双脚放在地面上并起身，回到下蹲姿势，接着再完全站起来。重复所需的次数。

关键执教点

在保持技术正确的同时尽力控制下蹲姿势。

变式

可以尝试单腿而非双腿站立以增加挑战。

图 5.45 背滚至下蹲

113

移动式下蹲

动作

降至全蹲姿势。保持该姿势，将重心转移至左脚，右腿向右侧向跨出，接着将重心转移至右脚，左腿向右侧向跨，重新回到下蹲姿势。重复所需的次数或直到跨过给定距离。

关键执教点

- 下半身的运动只由小腿发起。
- 保持下蹲的深度。

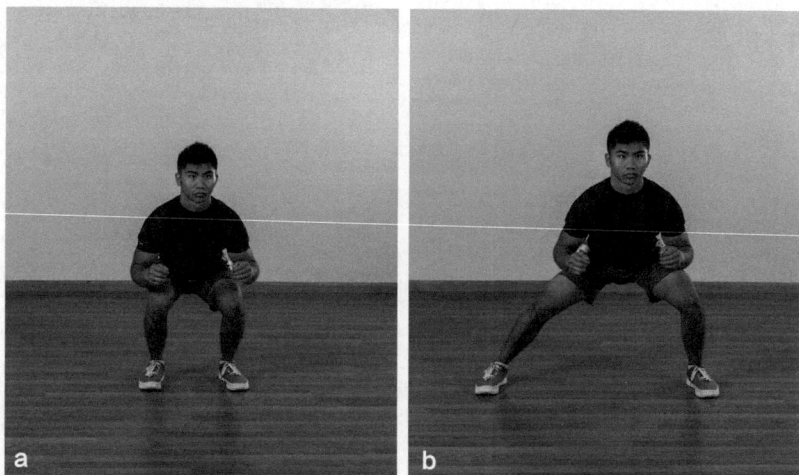

图 5.46 移动式下蹲

支撑模式

仰卧支撑

动作

仰卧（脸朝上），双膝弯曲至90度，大腿与地面垂直。双臂向上伸，与大腿平行并垂直于地面。轻轻地支撑和降低右腿，伸展右膝，直到腿部与地面平行为止，但不接触地面。与此同时，左臂向左耳方向降低至与地面平行，但不接触地面。返回至起始姿势，换左腿和右臂重复动作。

关键执教点

躯干应保持中立，并且不应当出现代偿运动。

变式

双腿和双臂可以同时执行动作。

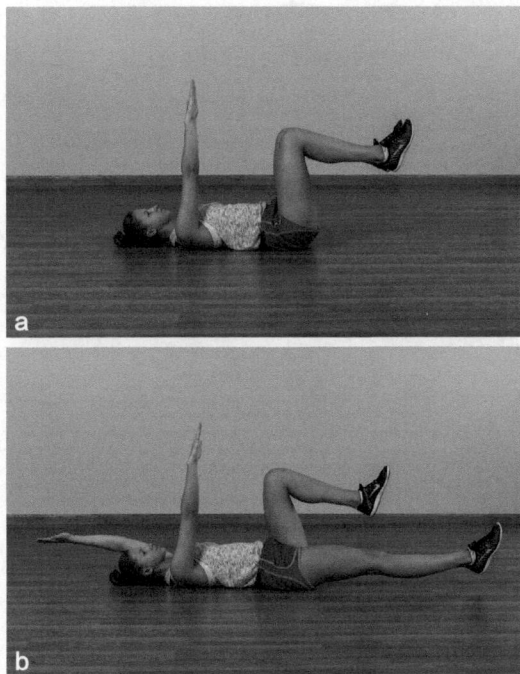

图 5.47 仰卧支撑

平板支撑 + 对侧手脚接触

动作

起始姿势为直臂平板支撑。接着将右手抬离地面，不超过身体高度；同时将左腿抬离地面，不超过身体高度，目标是手脚轻触。返回至起始姿势并在另一侧重复动作。

关键执教点

- 始终保持身体动作不变形。
- 进行动作时，臀部需要处于低位。
- 动作始终应当缓慢可控。

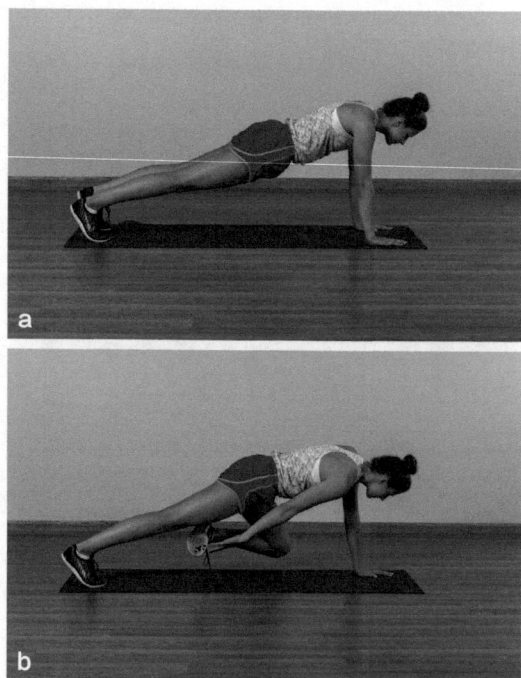

图 5.48 平板支撑 + 对侧手脚接触

平板支撑 + 伸手

动作

　　起始姿势为直臂平板支撑。接着抬起左手，从身体下方伸展至另一侧。目标是在维持正确的身体姿势的同时将手伸得尽可能远。返回至起始姿势并在另一侧重复动作。

关键执教点

- 始终保持身体动作不变形。
- 进行动作时，臀部需要处于低位。
- 动作始终应当缓慢可控。

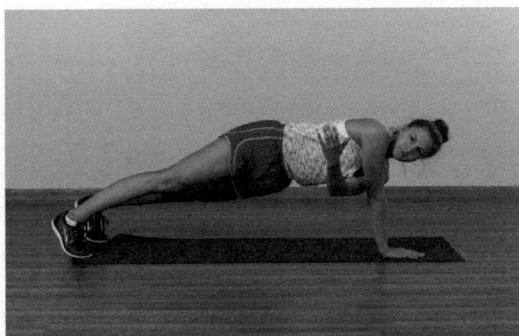

图 5.49　平板支撑 + 伸手

平板支撑 + 伸腿

动作

起始姿势为直臂平板支撑。接着将左脚从身体下方伸展至另一侧。目标是在维持正确的身体姿势的同时将脚伸得尽可能远。返回至起始姿势并在另一侧重复动作。

关键执教点

- 始终保持身体动作不变形。
- 进行动作时，臀部需要处于低位。
- 动作始终应当缓慢可控。

图 5.50 平板支撑 + 伸腿

平板支撑 + 旋转踢腿

动作

起始姿势为直臂平板支撑，这是上一个动作的延伸。在将左脚从身体下方伸展至另一侧的过程中，将右手抬离地面，同时将重心转移到左手上以实现更大的动作幅度。目标是在维持正确的身体姿势的同时将脚伸得尽可能远。返回至起始姿势并在另一侧重复动作。

关键执教点

- 始终保持身体动作不变形。
- 进行动作时，臀部需要处于低位。
- 动作始终应当缓慢可控。

变式

抬起的腿可以移动得更远，以碰到对侧的手。

图 5.51 平板支撑 + 旋转踢腿

尺蠖爬行

动作

双脚分开，与肩同宽站立，双手垂于体侧。屈髋向下，将双手放在双脚正前方的地上。双手小幅度爬离身体（保持膝盖和肘部完全伸展），逐渐将身体朝地面降低。以俯卧撑姿势结束，双手大概位于肩部下方，并且身体动作不变形。接着，保持双脚脚掌着地，主动背屈，双脚小幅度朝着双手移动，走到离双手尽可能近的位置（保持膝盖和肘部完全伸展）。重复所需的次数。

关键执教点

- 始终保持正确的身体姿势。
- 双手和双脚动作都要采用小步幅。
- 确保动作由双脚的脚掌而非脚趾发起。

变式

只要能保持正确的身体姿势，手就可以继续向前爬至超过身体的位置。

图 5.52 尺蠖爬行

尺蠖爬行 + 旋转

动作

这是一个与尺蠖爬行相同的动作，但是在手部爬行阶段结束时，将重心转移至单手，并将身体转离地面，直到另一只手臂与地面垂直。返回至起始姿势并在手部爬行之后旋转至另一侧。

关键执教点

- 旋转为一个整体动作，身体所有部分应一起移动。
- 动作应当缓慢可控。

图 5.53 尺蠖爬行 + 旋转

尺蠖爬行 + 对侧手脚接触

动作

这也是一个与尺蠖爬行相同的动作，但是这次在手部爬行完成的时候要进行一次对侧手脚接触（类似于平板支撑 + 对侧手脚接触）。目标是手脚轻触，然后将手和脚放回地面并完成尺蠖爬行。返回至起始姿势并在手部爬行之后进行对侧手脚接触。

关键执教点

- 始终保持正确的身体姿势。
- 进行动作时，臀部需要处于低位。
- 动作应当缓慢可控。

变式

一种更高阶的版本是同侧手脚（比如右臂和右腿）接触。

图 5.54 尺蠖爬行 + 对侧手脚接触

尺蠖爬行至星形旋转

动作

这是一个与尺蠖爬行相同的动作，但是在手部爬行阶段结束时，将重心转移至左手，并将身体转离地面，直到右臂与地面大致垂直。同时，在竖直平面内抬起右腿，与身体其他部位保持在同一平面内，做星形姿势。返回至起始姿势并在手部爬行之后将身体旋转至另一侧。

关键执教点

- 整个运动期间始终保持正确的身体姿势。
- 确保旋转由身体所有部位同时发起，旋转身体为一个整体动作。

图 5.55 尺蠖爬行至星形旋转

尺蠖爬行 + 髋部屈伸

动作

尺蠖爬行，但在手部爬行至身体呈"V"形姿势时暂停。从该位置开始，弯曲右髋以将右膝盖移至胸部位置，接着通过将右脚向后、向上推来伸展右髋。将右脚放回地面并完成尺蠖爬行。在进行下一次尺蠖爬行时用左腿重复该动作。

关键执教点

- 整个运动期间保持正确的身体姿势。
- 确保弯曲和伸展过程缓慢可控。

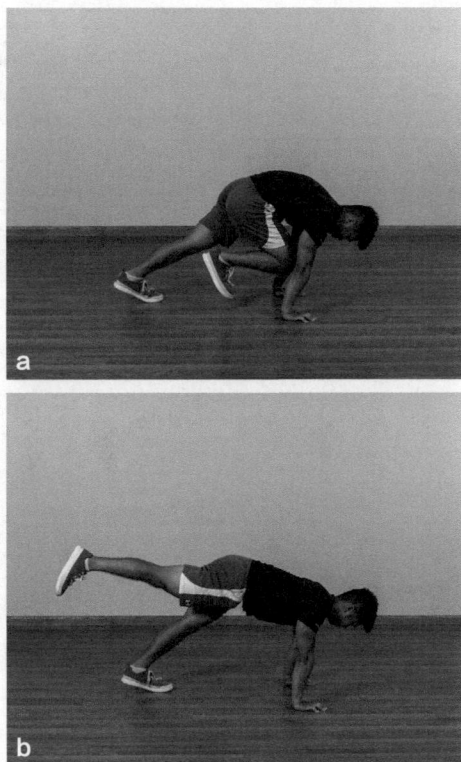

图 5.56 尺蠖爬行 + 髋部屈伸

俯卧撑腿交替前跨

动作

起始为俯卧撑姿势。有节奏地将右腿主动向前推至右手外侧。返回至起始姿势，在左侧重复动作，将左腿向前推至靠近左手。重复所需的次数。

关键执教点

动作要有节奏，在节奏中对动作仍有明显控制，并且动作幅度是主动实现的，而不是靠惯性。

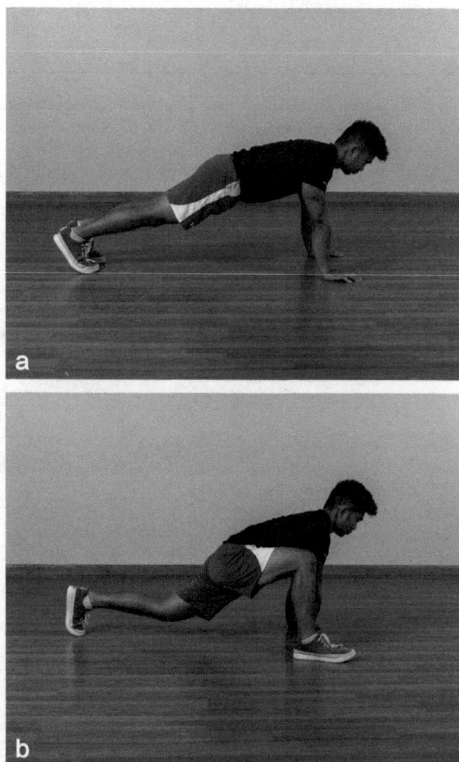

图 5.57 俯卧撑腿交替前跨

登山者

动作

起始为俯卧撑姿势。有节奏地将右腿向右手方向顶，右脚掌落在右髋的下方。返回至起始姿势，同时将左腿向左手方向顶，左脚掌落在左髋的下方，重复所需的次数。

关键执教点

- 双脚都向正前方推，以便双膝处于两只支撑手臂的内侧。
- 动作要有节奏，但要确保对动作的主动控制。

图 5.58 登山者

俯卧撑爬行

动作

起始为俯卧撑姿势。同时向前伸右手和左脚，用俯卧撑姿势小步向前移动。用对侧手脚交替重复该动作。

关键执教点

- 动作可控，有节奏。
- 迈小步。

变式

该动作可以用向后移动的方式反向进行。

图 5.59 俯卧撑爬行

熊爬

动作

起始为俯卧撑姿势。保持臀部处于较低的位置，向前伸右臂和左腿，接着伸对侧的手臂和腿。重复动作直到爬过给定的距离。

关键执教点

动作可控，有节奏。

变式

该动作可以用向后移动的方式反向进行。

图 5.60　熊爬

蜘蛛人爬行

动作

　　起始为俯卧撑姿势，肘部弯曲，使身体位置比正常情况更低。抬起并微微外旋右大腿，将右膝盖移至右肘的外侧，并将右脚落在右手附近的地面上。与此同时，将左手向前伸。从该姿势开始，做相反的动作（例如，右手向前伸并将左膝盖移至左肘的外侧）。交替重复动作直到爬过给定的距离。

关键执教点

　　动作可控，有节奏。

图 5.61　蜘蛛人爬行

侧向爬行

动作

起始为俯卧撑姿势。侧向移动左脚，同时将右手抬离地面并朝身体中线移动。处于该姿势时，重心落在左臂上，左手位于左肩的正下方。将右手放在左手旁边，并将重心转移到右手上。侧向移动左手，同时将右脚侧向移回至俯卧撑姿势。重复动作直到爬过给定的距离，然后朝另一个方向重复该动作。

关键执教点

- 动作可控，有节奏。
- 始终保持正确的身体姿势。

图 5.62 侧向爬行

鳄鱼爬行

动作

起始为俯卧撑姿势，屈臂向下，让身体离地 5~8 厘米。缓慢地将右手和右脚微微向前移动，接着将左手和左脚微微向前移动。重复该动作模式完成给定的距离。

关键执教点

- 动作可控，有节奏。
- 始终保持正确的、低位的身体姿势。

图 5.63 鳄鱼爬行

侧向翻滚

动作

起始为俯卧撑姿势。将重心转移至左脚和左手，将右臂举到头顶上方，让躯干转离地面。持续旋转，使右腿跨过左腿上方并将后背转向地面。继续转体，使右手接触地面并且双脚并拢。持续翻滚至再次形成俯卧撑姿势。重复给定的次数，然后再反向翻滚。

关键执教点

动作可控，有节奏。

图 5.64 侧向翻滚

单腿站立模式

小腿行走

动作

双脚分开与肩同宽，挺直站立。右腿向前迈一步，脚后跟着地，脚部向前滚，让脚尖跷至最高。接着左腿向前迈步，重复动作。重复所需的次数。

关键执教点

- 这个动作是脚和脚踝的局部动作。
- 跷起脚尖时，确保足弓不会塌下来。

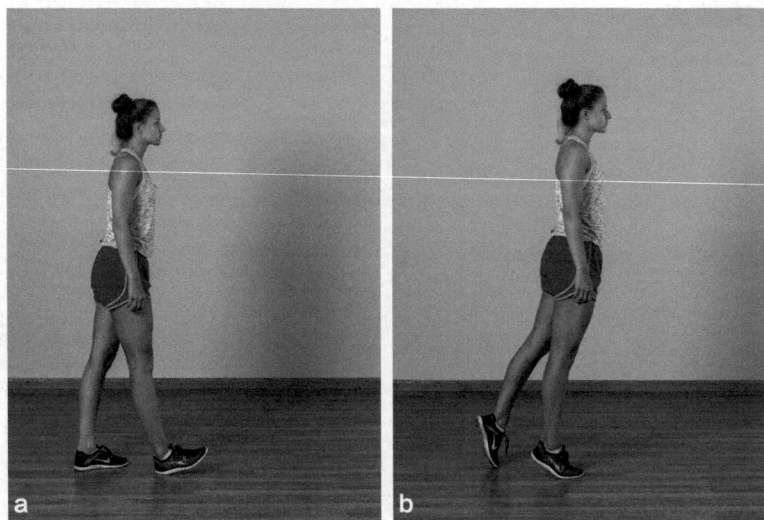

图 5.65　小腿行走

小腿行走 + 肩部旋转

动作

　　该动作与小腿行走动作相同，但是增加了肩部旋转。每次开始向前迈步时双臂都垂于体侧并且伸展肘部，随着动作的进行，通过收拢肩胛骨的方式将双臂伸至身后。当双臂伸到身后最远处时，在保持肘部伸展的同时向前旋转双臂。将双臂举至头顶上方，尽量让肱二头肌擦过耳朵。在转到头部前方时将双手碰在一起，接着返回至起始姿势，即双臂垂于体侧。每次向前迈步时都重复进行肩部旋转。

关键执教点

- 确保由肩胛骨主动收拢发起手臂向后的动作。
- 尽量增大双臂的动作幅度，在举臂到顶部时伸展身体。

变式

　　如果目标在于肩部独立动作，那么可以不进行小腿行走。

图 5.66　小腿行走 + 肩部旋转

单腿屈膝

动作

　　双脚分开与髋同宽，双臂垂于体侧，站立。屈髋、屈膝，将膝盖上抬至形成 90 度角，同时将对侧的肘部弯曲呈 90 度角，与下巴相对（与冲刺动作一样）。短暂地保持该姿势。将腿部放回地面并用另一条腿重复该动作。重复所需的次数。

关键执教点

- 确保屈髋、屈膝动作中没有代偿运动。
- 动作缓慢可控。
- 该动作可变成一个有节奏的行进动作，但应始终确保动作可控。

变式

　　可以在此基础上增加一些变化或难度，在同伴或教练辅助下，推或拉弯曲的膝盖。

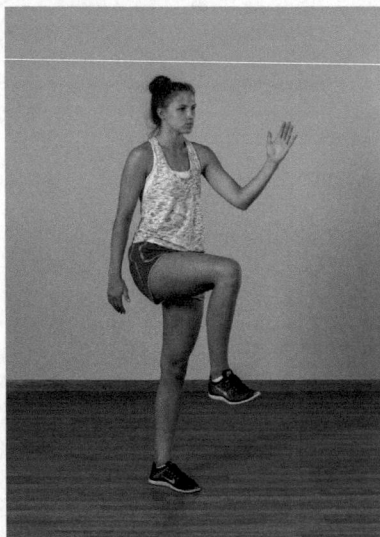

图 5.67　单腿屈膝

单腿屈膝 + 内旋

动作

该动作与单腿屈膝一样，但在弯曲膝关节时，小腿要横越过身体。

关键执教点

- 确保屈髋、屈膝和小腿横越动作中没有代偿运动。
- 动作缓慢可控。

变式

该动作可以是主动的（这是首选的方法），也可以用双手拉小腿使其横越过身体。

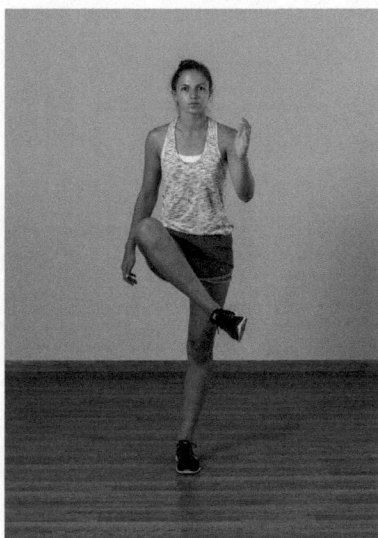

图 5.68　单腿屈膝 + 内旋

单腿膝盖屈伸

动作

单腿屈膝站立，屈髋，将弯曲的腿伸展至身后。保持该姿势 1 秒，返回至起始姿势。重复所需的次数后换腿进行。

关键执教点

- 确保腿部屈伸动作中没有代偿运动。
- 动作缓慢可控。

图 5.69 单腿膝盖屈伸

单腿主动向前直抬腿

动作

挺直站立，双臂垂于体侧。有控制地主动将右腿抬至体前，右腿尽可能地伸直举高，但是要保持姿势的完整性。返回至起始姿势，换腿重复。重复所需的次数。

关键执教点

- 确保屈髋动作中没有代偿运动。
- 动作缓慢可控，抬腿时脚背屈（脚趾收向小腿）。

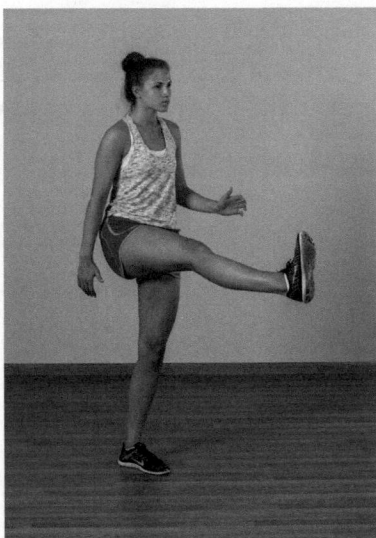

图 5.70 单腿主动向前直抬腿

单腿硬拉

动作

挺直站立，双臂举至体前。右髋主动弯曲呈 90 度角，接着弯曲左髋，让上半身与地面平行，双臂向前或向地面伸以保持平衡。屈髋时尽量完全伸展左膝，同时维持对姿势的控制。返回至起始姿势，换腿重复。重复所需的次数。

关键执教点

- 躯干应当始终处于中立位。
- 动作缓慢可控。

变式

该动作有多种主要与手臂和腿部姿势相关的变式。动作没必要非得在屈髋之后进行。双臂可以直接伸至侧面或向前伸过头部。支撑腿的膝盖伸展程度由控制水平决定。起初，膝关节可以适度地弯曲，但是随着能力的提高，要让其完全伸展。

图 5.71 单腿硬拉

单腿站立＋动作

这个动作需要在保持单腿站立姿势的同时加入其他动作。本案例使用了一个药球，但是右单腿站立中可以加入多种挑战动作。

动作

单腿站立，将一个药球举过头顶，然后用药球在头顶绕小圈。换腿重复动作。重复所需的次数。

关键执教点

- 始终保持正确的单腿站立姿势。
- 动作缓慢可控。

变式

药球绕圈的方向和大小可以改变，并且可以采用多种模式和多平面动作，例如，伸至侧面或斜跨过身体。

图 5.72 单腿站立＋动作

单腿站立 + 水平外展和内收

动作

左腿单腿站立。右侧大腿向体侧打开，保持髋部和膝盖呈 90 度角。接着将右侧大腿移回至起始姿势，髋部和膝盖仍然呈 90 度角。将右脚降低至站立姿势，并用左腿重复该动作（右腿单腿站立）。持续交替进行，重复所需的次数。

关键执教点

- 确保髋都朝前，并且没有代偿运动。
- 动作缓慢可控。

变式

可以用有节奏的动作行进一段给定的距离。

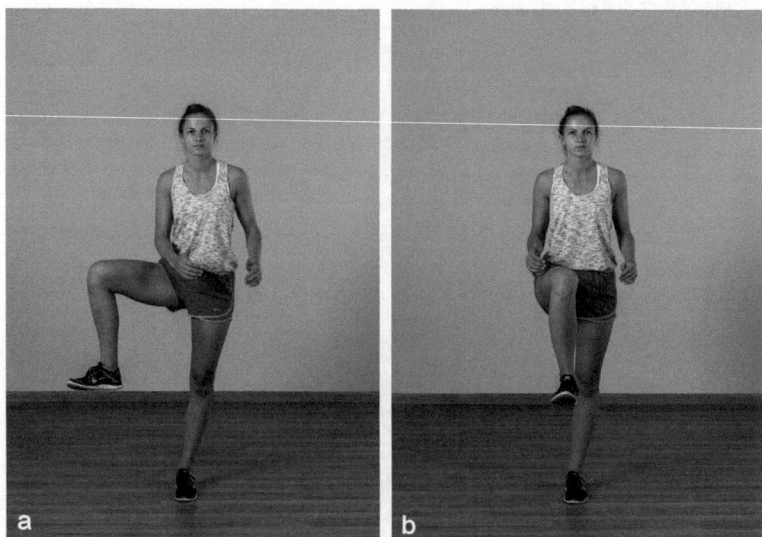

图 5.73　单腿站立 + 水平外展和内收：a. 髋部水平外展；b. 髋部水平内收

髋部行走

动作

双脚分开与肩同宽，双臂垂于体侧，站立。保持膝盖完全伸展，抬起右髋并向前旋转以向前行走。迈小步，接着换左腿进行。重复所需的次数。

关键执教点

该动作为髋部的独立动作。

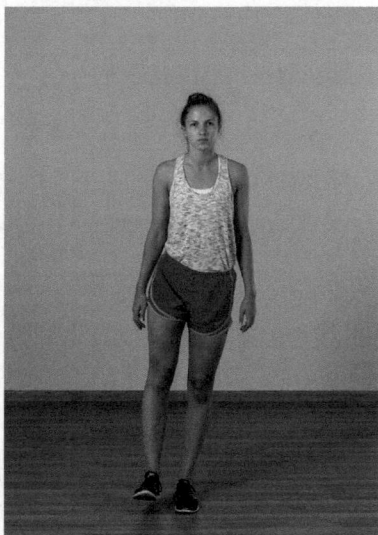

图 5.74 髋部行走

单腿由低到高

动作

左腿单腿站立，弯曲左髋，并将右手伸至左脚处（理想情况下手要碰到脚趾）。屈髋时尽量完全伸展左膝，同时保持对姿势的控制。将右臂举至头顶上方。逆序动作以返回至起始姿势，重复所需的次数。换对侧进行动作。

关键执教点

背部应当保持在中立位，该动作为髋部的独立动作。

变式

可以手持一个药球或双手拉一根弹力带。

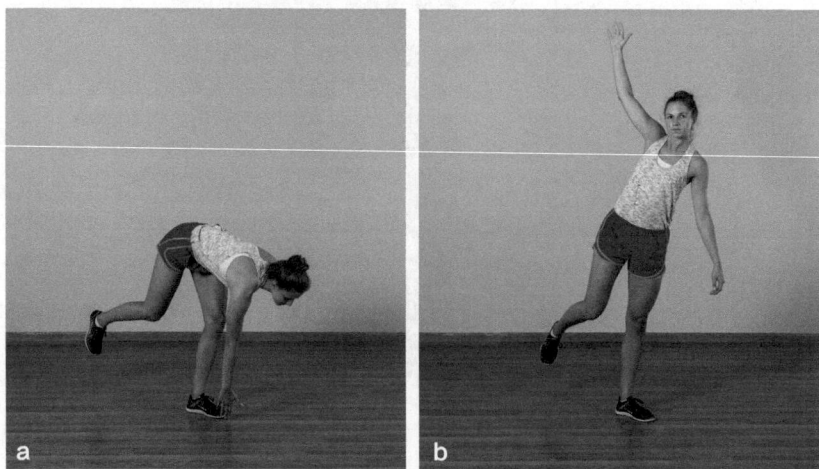

图 5.75 单腿由低到高

第 6 章

增强阶段

正如第 1 章所述，每块肌肉的收缩都会受到其先前活动历史的影响（比如阶梯效应）。这样，当需要最大速度、爆发力、敏捷性和力量时，肌肉需要强度渐增的准备性收缩，以让身体为最佳运作做好准备，并促进最优运动表现。换言之，有些运动本身就可以使神经肌肉系统应对由运动所施加的具体压力，而运动员必须通过执行这类运动来为最佳运动表现做好准备。很显然，在为最佳运动表现做准备时，需要向身体施加特定且渐增的压力。多年以来，运动员凭直觉就已经知道了这一点。例如，短跑运动员参加比赛前，一定会进行一段时间的逐渐加速的运动，从而让自己为比赛做好准备。奥运会举重运动员会花费相当多的时间进行负荷渐增的举重，从而为后续实际比赛做准备。然而，在团体或球场类体育运动中，经常会看到运动员在热身中完全省略掉高强度运动阶段，热身期间高强度运动的缺乏导致运动员不能为后续运动做好准备。

RAMP 热身的增强阶段正是为了解决该问题而专门设计的。本质上，增强阶段是热身的激活与调动阶段和主训练环节之间的一个过渡。它应当为运动员提供无缝过渡，并专注于后续训练环节或比赛所需的技术、动作和身体素质。实际上，在热身增强阶段内所执行的动作应当始终与后续训练环节存在联系，除非热身活动本身被用来作为某个特定的环节。

该阶段的关注点

　　增强阶段可以有动作关注点、技术关注点或者二者的结合。增强阶段的计划应当仔细考虑，不仅要考虑短期计划，还要考虑中长期计划。实际上，对运动员的整体训练进行有效计划以及为增强阶段设置具体的目标可能是教练和运动员在整体训练系统中所能做出的最富有成效的改变之一。

　　这样，计划不应当仅仅考虑下一个环节，还应当考虑运动员中长期的训练需求。尽管向主训练环节过渡的计划是一个明确的目标，但是它绝对不是唯一的考虑因素。这里再次强调训练效果和效率的重要性。我们可以在这个阶段满足可能无法在主训练环节内满足的训练需求。例如，在该阶段中可以加入一个特定的关注点，比如加速、最大速度或侧向移动等，它们虽然可能并非主训练环节中的主要关注点，却也能在热身阶段内被训练到。运动员既可以为下一个训练环节做准备，又能致力于训练某些关键的运动表现的要素，这些要素可能不会出现在主训练环节内，但是仍然对整体表现有重要影响。

该阶段的持续时间

　　增强阶段的持续时间将取决于其目标。当增强阶段服务于主训练环节时，持续时间通常为5~10分钟，由与主训练环节相关联的训练构成，并且训练强度递增，最后到达最大用力水平。这样，运动员可以确保自己为主训练环节内可能面临的任何情况做好了准备。

本身是一个独立环节

　　采用RAMP系统来编制热身计划有一个重大进步，即热身的增强阶段本身可以被看作一个独立环节。因此，它提供了完美的机会来改善对整体运动表现至关重要的一些方面（比如速度、敏捷性和增强式运动能力），而这些方面却经常由于缺少时间而在整体训练计划中被忽略。因为RAMP热身可以在不增加（或极少增加）运动员训练时间或训练负荷的情况下开展，训练效率因此得以最大化。此外，RAMP热身是在最佳时刻开展的，此时运动员已做好了最佳准备并且疲劳程度最低。如果希望运动员在整个训练计划中有持续且高质量的发展，那么在热身的增强阶段内开展速度与敏捷性训练是很重要的。

当增强阶段本身作为一个训练环节时，与它被作为下一个训练环节的准备活动相比，该阶段占用的时间会更多。然而，无论哪种情况都应当为增强阶段确立一个明确的目标，并且该目标绝对不应当只是为下一个训练环节做准备。

增强过程

与之前的各阶段一样，有许多选项可以包含在增强阶段内。实际上，鉴于运动员可能希望训练多种动作或技术（或二者兼有），再加上大量的主训练环节元素，该阶段的多样性会超过之前所有的阶段。因此，这一阶段的许多决定都取决于可用的时间，但是在时间限制之内，下列问题提供了很好的架构，我们可以围绕该架构编制有效的增强阶段热身计划。

1. 该阶段的目标是什么？
2. 下一个训练环节的目的、目标及体能要求是什么？
3. 运动员所需的关键运动表现有哪些？
4. 运动员的哪些运动表现没有在训练中得到恰当的训练？
5. 哪些训练能最好地实现目标？
6. 这些训练应如何进阶以增加合适的强度和挑战？

该阶段的目标

在传统观念中热身就是为某个环节或比赛做准备，然而，在RAMP系统内，热身同时具备短期和长期计划。在这一系统内，热身不仅被视为准备工作，更被视为一个训练环节。这为我们提供了一个更全局化的视角，并关注到了那些虽然没有直接出现在下一个训练环节中，却对运动员的整个运动生涯发展至关重要的方面。

RAMP 系统的计划过程与传统的计划过程大不相同，因为有些关注点从当前环节的短期目标转移到了运动员的长期发展上面。增强阶段中的训练内容不必非得与下一个训练环节直接相关，只要强度足以让运动员为主训练环节做好最佳准备即可。出乎意料的是，尽管 RAMP 系统下的热身环节并非总是明显地与主训练环节直接相关，但是只要在增强阶段有意识地提高运动员的速度或敏捷性，就会与主训练环节产生间接的联系。速度与敏捷性是运动员执行动作的基础，而动作质量反过来会直接影响运动员的技术水平。在很多情况下，增强阶段将会融合准备工作与长期发展，从而高效地使运动员的运动表现在短期和长期内都得到优化。

阶段目的、目标和体能要求

一旦确定了该阶段最重要的目的，增强阶段的具体目标便可以根据主训练环节目标来确定。这便是增强阶段的短期计划要素，即确保从激活与调动阶段过渡到增强阶段，再直接进入主训练环节。整个计划应当确保无缝衔接，甚至让运动员无法觉察热身的结束与主训练环节的开始。因此，所选的训练内容应当补充主训练环节所需的动作模式或技术。此外，还应当确保训练强度已增加至运动员为主训练环节做好准备的水平。

该环节目标的类型通常取决于运动员的水平，既可以是简单的无关联性的目标，也可以是更复杂的与比赛相关的目标。例如，对于初级运动员，在增强阶段可以设置无关联性的目标，如提高加速能力。然而，随着运动员水平的发展，该目标可能会变得与体育运动项目更相关，并且更具有实用性，如利用加速来进行进攻性分离。还可以进一步进行开发，让加速与进攻性虚晃、变向或其他动作相结合，从而使目标与具体任务的关系更紧密，此时目标就变成开发运动员拉开与对手的距离的进攻能力。这样，随着时间的推移，热身的增强阶段会变得更具针对性。

运动表现的关键要素

这一阶段的计划要素与之前的思路类似，但是更全面。除了确定本环节的主要训练内容之外，还应确定何种基础能力能优化运动员的表现。例如，主训练环节可能会专注于进攻技巧，而进攻技巧的基础是有效的加速和变向能力。一旦这些能力得到指导、开发和进步后，运动员在主训练环节中的表现也会随之优化。这样，增强阶段的计划就不再是简单地复制主训练环节，而是对运动表现的基础要素做一个更为全面的分析，并确保这些要素能够在增强阶段内得到优化。

其他要素

这些要素是从较长远的视角来看待运动员的表现。这里需要考虑最终影响运动员表现水平的关键因素，以及这些因素是否在运动员的整个训练中得到了足够的重视。如果这些因素被遗漏，就可以将其加在增强阶段中，并且不增加整体训练负荷。这样，增强阶段本身可以变成一个环节，运动表现的各个方面的问题（比如速度、敏捷性、增强式运动能力和针对性的体育项目技术）都可以在该环节内得到解决。有些能力只有在低疲劳状态下才能得到提高，而运动员在增强阶段正好处于低疲劳状态。增强阶段的时间长短可以变化，如果设定的是无关联性目标，那么投入的时间可以比正常情况下投入的时间更长。

实现目标的最佳训练

目标明确之后，就可以根据能实现该目标的最佳训练与顺序来设计这个阶段的训练计划了。显然，要是没有固定的目标，热身的计划永远都不可能完美，反而会由没有统一主题的随机训练内容构成，这正是传统热身计划中经常出现的情况。传统热身计划的关联性很弱，并且没有明确的运动表现目标；而基于 RAMP 系统的计划则是对传统计划的升级，它能提供一种架构，建立在该架构基础上的热身计划能够在各种时间范围内帮助运动员实现最佳运动表现。

合理的进阶

增强阶段是一个强度与挑战共同增加的时期，所以该阶段务必要保证训练的合理进阶。运动员一直在凭直觉进行进阶训练，例如，冲刺速度逐渐加快或举重负荷逐渐增加。可以通过先开展技术训练，接着进行实战，很自然地将强度提高至最大用力水平对这样的操作方式进行复制。此外，对于球场和团体类体育运动，可以增加训练的认知挑战或从常规场景进阶到专项体育项目场景，借此实现进阶。通过这种方式，可以从技术动作训练开始，让运动员对技术动作形成自然反应，并最终取得进步。对于特定运动竞技项目的运动员，有助于规范其技术动作。每种要素的重要程度将取决于运动员的能力，初级运动员更加专注于技术方面，而高水平运动员则更加专注于实用要素。

增强阶段示例

鉴于确定增强阶段架构的问题非常复杂，可能的组合方式无穷无尽，所以构造出一个完美的增强阶段的训练计划是不可能的。然而，如果遵循本书之前所述的思路，增强阶段几乎可以直接满足运动员在所有情况下的需求。

本章的剩余篇幅为各种训练方向和训练水平提供了增强阶段的训练示例，有些是为下一个环节做准备的，有些则将增强阶段本身看作一个环节。本书提供的练习并没有涵盖所有情况，我们仍然鼓励教练和运动员为满足自身独特的训练需求提出针对性的解决方案。

增强训练

冲刺加速增强训练（初级运动员）

墙壁训练：单次切换
（每组切换4次，共3组）

运动员站在离墙大约1米的位置，双手伸出碰到墙壁。身体呈一条直线，向墙壁倾斜以摆出加速姿势，身体与直立位置呈45度~70度角。运动员向前朝墙壁提起左膝，短暂保持这一姿势，接着将左腿放回地面，同时将右腿向前提起，再次短暂保持这一姿势（每条腿各重复1次视为1次切换）。将右脚放回地面，暂停，下一次练习从右腿开始。动作应当迅速有力。

图6.1 墙壁训练：单次切换

搭档阻力单次蹬腿
（5米）

该训练的动作与墙壁训练一样，但是前倾的程度较小。这次运动员以蹬腿方式向前移动身体。运动员佩戴一条腰带，腰带后方连着一根绳子，搭档握住这根绳子。运动员前倾至加速姿势，前腿弯曲至90度，向后蹬这条腿，并向下蹬地以产生向前的动力，同时另一条腿向前。暂停，换腿进行，重复动作至完成所需的距离。

搭档阻力 3 次蹬腿
（10 米）

该训练动作与搭档阻力单次蹬腿一样，但是重复蹬腿 3 次才暂停。蹬腿，以产生向前的动力。3 次重复后，另一条腿自动处于起始位置。暂停，并继续动作，直至完成所需的距离。

搭档阻力冲刺
（每次 20 米，重复 5 次）

运动员站直，双脚前后分立，腰上的带子系在雪橇车上或握在搭档手中以提供阻力。阻力约等于体重的 10%。运动员克服阻力冲刺至给定的距离。

冲刺加速
（每次 20 米，重复 5 次）

运动员站直，双脚前后分立，前腿弯曲至约 70 度。后腿位于重心之后，同时弯曲至约 150 度。运动员通过蹬地（起初用双脚）将后腿向前抬起，同时将前臂用力地向后摆。另一侧手臂向前摆动以辅助蹬腿。冲刺至所需的距离。

冲刺加速增强训练（中级橄榄球运动员）

墙壁训练：单次切换
（每组切换 4 次，共 4 组）

  运动员站在离墙大约 1 米的位置，双手伸出碰到墙壁。身体呈一条直线，向墙壁直立位置倾斜摆出加速姿势，身体与直立位置状态呈 45 度 ~70 度角。运动员向前朝墙壁提起左膝，短暂保持这一姿势，接着将左腿放回地面，同时将右腿向前提起，再次短暂保持这一姿势（每条腿各重复 1 次视为 1 次切换）。将右脚放回地面，暂停，下一次动作从右腿开始。动作应当迅速有力。

进阶加速
（每次 15 米，重复 6 次）

  运动员站直，双脚前后分立，前腿弯曲至约 70 度。后腿位于重心之后，弯曲至约 150 度。运动员通过蹬地（起初用双脚）将后腿向前抬起，同时将前臂用力地向后摆。另一侧手臂向前摆动以辅助蹬腿。冲刺至所需的距离。前 3 次逐渐增加速度，第一次为全速的 70%，第二次为全速的 80%，第三次为全速的 90%，最终在第四次到第六次达到 100% 的速度。

曲线加速
（每次 20 米，重复 6 次）

运动员按照要求跑过一段距离，始终保持曲线跑动模式，同时保持速度。这需要更宽的支撑面，所以脚要在外侧落地，从而让身体向行进方向倾斜。这是调整跑动模式和阻拦对方运动员的关键技术。

朝目标加速
（重复 8 次）

运动员在圆锥筒 A 附近摆好准备姿势，第二个圆锥筒放在前方 5 米的位置。教练站在圆锥筒 B 以外 2~4 米的位置。运动员以可控的曲线跑动模式跑向圆锥筒 B，在到达圆锥筒 B 之前，教练给出指定加速方向，运动员沿着该方向加速。

图 6.2 朝目标加速

变向增强训练（篮球运动员）

侧滑步并稳住
（每组重复6次，共2组）

运动员在2个圆锥筒中间摆好准备姿势，2个圆锥筒相距5米。运动员自行开始侧滑至其中一个圆锥筒，切步并稳住1秒。接着向另一个方向侧滑步，用另一条腿进行侧滑步并切步稳住。重复2组。

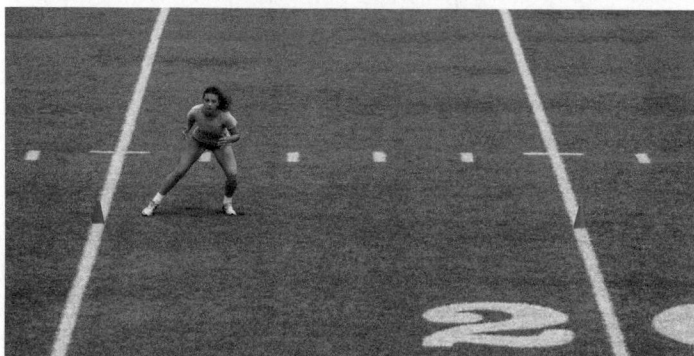

图6.3 侧滑步并稳住

侧滑步外切并跑开
（每次重复4个切步，每组重复4次，共3组）

运动员在2个圆锥筒中间摆好准备姿势，2个圆锥筒相距5米。运动员自行开始侧滑步至其中一个圆锥筒，切步并立即反向侧滑步至另一个圆锥筒，再次切步并立即反转方向返回起始位置。重复2组，每次重复进行4个切步。

图6.4 侧滑步外切并跑开

调整步与外切
（重复 8 次）

运动员在圆锥筒 A 附近摆好准备姿势，将 2 个圆锥筒相隔 5 米互成 45 度角放置在前方。运动员自行开始，切步前先做一个假动作，再沿着外切腿的反方向朝圆锥筒加速跑 5 步。返回起始位置，沿相反的方向重复（例如，运动员用另一条腿进行外切）。

调整步虚晃与外切
（重复 8 次）

运动员在圆锥筒 A 附近摆好准备姿势，将 2 个圆锥筒相隔 5 米互成 45 度角放置在前方。运动员自行开始，先做一个假动作，再做一个虚晃动作（仿佛要沿着一个方向发起运动），随后切步并朝反方向加速来实现虚晃，并沿着与外切腿方向相反的方向朝圆锥筒加速跑 5 步。返回起始位置，在相反的方向重复动作。

虚晃外切并冲向篮筐
（重复 6 次）

运动员持篮球在三分线处摆好准备姿势，一名防守球员站在他的正前方。训练从进攻运动员的动作开始，先做一系列假动作，再做一个进攻虚晃，以试图打乱防守球员的脚步，再做一个切步并沿着反方向进行加速，冲向篮筐。交换角色并重复动作。

最大速度增强训练

下放与上抬：单腿切换
（每组重复 6 次，共 3 组）

　　运动员站直，右髋与膝关节弯曲呈 90 度角。运动员的上身保持不动，将右腿放回地面，并立即重新抬起，好像从地面上弹起一样。（注意每次重复动作不换腿，全部做完再换另一侧。）

图 6.5 下放与上抬：单腿切换

下放与上抬
（每组重复 12 次，每条腿各 6 次，共 3 组）

本动作是"下放与上抬：单腿切换"的另一个版本。本动作具有持续性，运动员主动驱动前腿，以动态蹦跳的形式下放与上抬。重复给定的次数，接着用另一条腿进行重复。

"A"训练：单腿切换
（每组重复 12 次，每条腿各 6 次，共 3 组）

运动员站直，一侧的髋部与膝关节弯曲呈 90 度角。上身保持不动，将抬起的腿向下放回地面，同时向前抬起另一条腿。暂停，换腿。重复所需的次数。

抬脚跑
（每次10米，重复4次）

运动员进行4次抬脚跑（例如，运动员仿佛处在一个充满水的空间，以短小、迅速的步子将每只脚向前上方抬出水面）。每次训练期间，抬脚的高度都应当增加，从离"水面"5厘米，到8厘米、10厘米，最终到13厘米。

图6.6 抬脚跑

障碍跑
（重复 6 次）

将 5 个或更多的低障碍物以距离渐增的方式放置。运动员冲刺越过障碍物，采用有效的跑步姿势以提高膝盖在跑步过程中的发力程度以及身体功能的恢复速度。如果没有可用的障碍物，教练可以指导运动员以仿佛要跨过对侧膝盖的方式跑动。

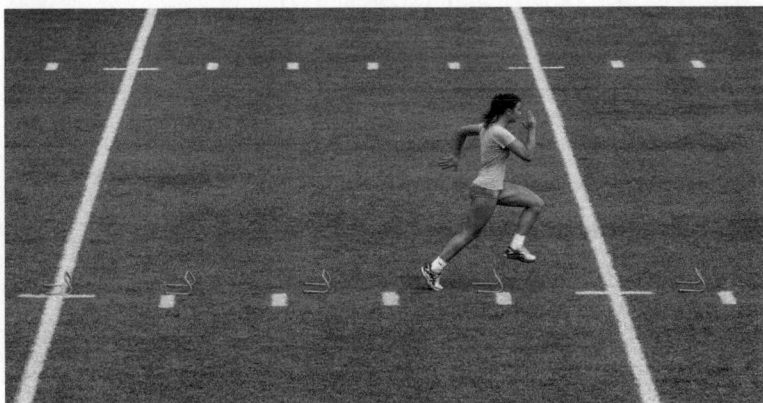

图 6.7 障碍跑

进阶加速跑
[每次 60（20/20/20）米，重复 6 次]

将 4 个圆锥筒互相间隔 20 米放置，组成一条 60 米长的跑道。运动员采用有效的跑步动作沿着跑道跑动，在每一个 20 米中增大跑步速度，在最后一个 20 米中达到最大速度。该训练应始终将重点放在达到最大速度上。

关注加速技术的增强训练

墙壁训练：单次切换
（每组切换 4 次，共 4 组）

运动员站在离墙大约 1 米的位置，双手伸出碰到墙壁。身体呈一条直线，向墙壁倾斜以摆出加速姿势，身体与直立位置呈 45 度 ~70 度角。运动员向前朝墙壁提起左膝，短暂保持这一姿势，接着将左腿放回地面，同时将右腿向前提起，再次短暂保持这一姿势（每条腿各重复 1 次视为 1 次切换）。将右脚放回地面，暂停，下一次从右腿开始。动作应当迅速有力。

墙壁训练：3 次切换
（共 4 组）

运动员站在离墙大约 1 米的位置，双手伸出碰到墙壁。身体呈一条直线，向墙壁倾斜以摆出加速姿势，身体与直立位置呈 45 度 ~70 度角。运动员向前朝墙壁提起右膝，短暂保持这一姿势，接着将右腿放回地面，同时将左腿向前提起，紧接着立即反转，将左腿下放至地面并将右腿抬起。最终，该运动共反转 3 次（3 次切换）。重复 3 组以上（每组 3 次切换），并且每次切换都要改变前腿。动作应当迅速有力，运动员应试图蹬离地面。重要的是，运动员在试图将双腿移动得更快时不要缩小关节的动作幅度，应保持完整的加速动作幅度。

提臂
（重复6~12次）

运动员摆出前后脚分立的姿势，交替地向前提手臂，让前侧手处于肩部高度，然后直接返回至髋部。动作幅度应当保证让双手在身体前达到下巴高度，向后伸展到达髋部位置，在身体前方时双手要移向（并非越过）身体中线。

图6.8 提臂

3步推动
（重复6次）

起始姿势是双腿前后分立，运动员应试图用有效的加速技巧向前推动身体。迈步距离应尽可能远，但是迈步时要双脚向后蹬地而不是往前伸。

加速式跑步
（每次40米，重复6次）

运动员从前后分立姿势开始40米的加速跑，应专注于动作技术而不是速度。跑步时应该感觉轻松，每次重复都力争比前一次更快，第一次跑步用85%力度。

球场速度增强训练（网球运动员）

墙壁训练：3 次切换
（共 4 组）

运动员站在离墙大约 1 米的位置，双手伸出碰到墙壁。身体呈一条直线，向墙壁倾斜以摆出加速姿势，身体与直立位置呈 45 度角。运动员向前朝墙壁提起右膝，短暂保持这一姿势，接着将右腿放回地面，同时将左腿向前提起，紧接着立即反转，将左腿下放至地面并将右腿抬起。最终，该动作共反转 3 次（3 次切换）。重复 3 组以上（每组 3 次切换），并且每次都要改变前腿。动作应当迅速有力，运动员应试图蹬离地面。重要的是，运动员在试图将双腿移动得更快时不要缩小关节的动作幅度，应保持完整的加速动作幅度。

丢球

运动员以准备姿势站立。搭档站在较近距离之外，丢下一颗网球。球一旦离手，运动员便向前加速以在球第二次反弹之前接住它。运动员在动作期间应始终处于低位并保持眼睛朝前看。向前重复 4 次，向两侧各重复 2 次，向后重复 4 次（每侧各重复 2 次）。

图 6.9 丢球

墙壁弹球训练

运动员在短距离之外面向墙壁摆好准备姿势。搭档手持网球站在运动员身后。搭档将球扔向墙壁，而运动员试图在球从墙上弹回的时候接住它。重复4~6次之后交换角色。

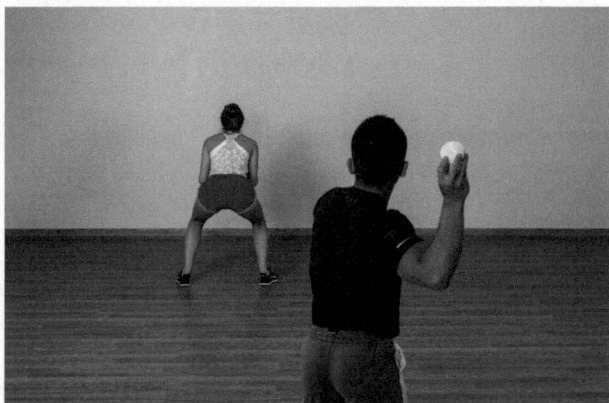

图 6.10 墙壁弹球训练

假动作接冲刺

运动员在圆锥筒 A 附近摆好准备姿势，2 个圆锥筒沿侧向一个位于另一个前方 5 米处。运动员自行开始一个很小的假动作，再切步并沿着反方向侧向加速。

假动作、反应接冲刺

运动员面向教练摆好准备姿势，教练位于网的另一侧。运动员自行开始做一个很小的假动作，教练将球扔到运动员的左面或侧面。运动员做假动作的同时预判扔球方向，接着切步并向教练扔球的方向加速。

增强式增强训练（初级运动员）

跳跃并落稳
（双腿垂直跳跃；重复 1 次）

运动员摆好准备姿势，向上跳跃，接着以有效的姿势落地，确保落地尽可能稳定。运动员应当以适中的强度开始跳跃，并逐渐增加至较高的强度。

跳跃并落稳
（双腿跳远）

使用与"跳跃并落稳"训练相同的技巧，但是这次运动员应当沿着水平方向跳跃。

跳跃并落稳
（单腿）

从准备姿势开始，运动员向前进行小幅度的跳跃，单腿落地。运动员应当确保落地姿势正确且稳定。重复动作，换腿落地。在技术允许的范围内尽可能地增加跳跃的强度。

短时响应跳跃
（重复 10 次）

运动员摆好准备姿势，双脚位于线的一侧。运动员迅速跳至线的前方再跳回起始位置，接触地面的时间尽可能少。暂停并重复。所有的运动应当都发生在下半身，除了双臂辅助之外，上半身要保持不动。

短时响应连续跳跃
（每组重复3次，共3组）

该训练是"短时响应跳跃"的进阶版本，需要做出反复的响应。运动员摆好准备姿势，双脚位于线的一侧，迅速跳至线的前方再跳回起始位置，接触地面的时间尽可能少。重复3次。所有的运动应当都发生在下半身，除了双臂辅助之外，上半身要保持不动。

短暂停顿的原地跳跃
（每组重复4次，共3组）

运动员摆好准备姿势，尽可能高地向上跳跃，返回至有效的落地姿势，短暂停顿并重复。

原地跳跃
（每组重复3次，共3组）

运动员摆好准备姿势并向上跳跃，落地时间尽可能短（但是始终要确保使用的是有效的技巧），接着立即再次向上跳跃，总共重复3次。跳跃的高度应当适合技术能力。这一训练的重点是迅速响应。

增强式增强训练（强调侧向）

跳跃并落稳
（双腿垂直跳跃；重复6次）

运动员摆好准备姿势，向上跳跃，接着以有效的姿势落地，确保落地尽可能稳定。运动员应当以适中的强度开始跳跃，并逐渐增加至较高的强度。

跳跃并落稳
（单腿侧跳；重复10次，每条腿各5次）

运动员摆好准备姿势，侧向跳跃，以外侧腿有效落地。短暂停顿并用另一条腿重复该动作。

弹跳并跳回
（单腿小幅侧跳；重复10次，每条腿各5次）

运动员摆好准备姿势，短距离侧向跳跃，以外侧腿有效落地，接着立即返回至起始位置。短暂停顿并换腿重复该动作。

弹跳并跳回
（单腿大幅侧跳；重复10次，每条腿各5次）

运动员摆好准备姿势，沿斜对角尽可能远地跳跃，以外侧腿有效落地，接着立即横向跳跃。短暂停顿并换腿重复该动作。

弹跳并跳回：3次切换
（每组重复4次，共3组）

运动员摆好准备姿势，沿斜对角尽可能远地跳跃，以外侧腿有效落地，然后立即横向沿反方向重复跳跃，接着再沿初始方向重复动作。短暂停顿并换腿重复该动作。

侧向弹跳
（每组弹跳6次，每条腿各3次，共4组）

运动员连续进行6次斜对角跳跃（每条腿各3次，分别向右和向左），跳过尽可能远的距离，接着走回起始位置，重复该动作所需的次数。

图 6.11 侧向弹跳：a. 向右；b. 向左

第 7 章

编制有效的热身计划

前面的章节介绍了支撑 RAMP 热身理念的通用原则，并为进行有效的热身活动提供了一个思路架构。本章将会提供示例来说明如何利用 RAMP 系统来设计针对性的热身计划。再次强调，鉴于体育运动和可用训练动作的范围之广以及运动员能力的差异，本书不可能提及每一种可能的组合。我们鼓励教练和运动员在 RAMP 系统的大框架之内研究不同的配置方式。在构造 RAMP 热身计划时，教练和运动员将会面临各种各样的实际挑战，因此他们需要调整系统来适应具体的情况。尽管如此，RAMP 系统本身所具有的灵活性和综合性还是提供了一个有效的架构，不同的运动员、不同的体育项目或不同的具体情况都可以围绕该架构来构建热身计划。

计划过程

计划过程的第一部分是确定该环节的目的或目标以及所有的条件限制以了解本环节所存在的限制。与所有其他的执教一样，必须怀有一定程度的实用主义，因为不管情况如何，总不是所有希望的都能实现。限制因素有许多，比如可用的时间、可用的器材，甚至教练可能不想在热身中包含专项运动。基于这些限制因素，RAMP 系统允许利用最少的器材、时间，甚至空间来构造有效的热身活动。实际上，如果一名深思熟虑、足智多谋的教练用最少的资源有效地利用了 RAMP 系统，必将胜过手握无限资源却采用了无效系统的教练。

　　图 7.1 展示了教练为了确定热身存在的限制而需要问到的一些问题。首先，热身的目标需要一个通用的理论依据。这将需要考虑热身的类型（训练热身，还是比赛热身）以及它仅仅是主训练环节前的热身活动，还是独立成为一个环节。这将导致对限制因素的考察，而限制因素会决定环节中对训练内容的计划，限制因素包括运动员数量、可用的器材及可用的时间等。

　　接着应当将关注点转移到环节的基本目标上面。RAMP 系统为计划过程提供了范围极广的选择。因此，在构建出最佳的热身活动计划之前应当先考虑一些问题（见图 7.2）。热身主要是做准备工作吗？它本身是一个

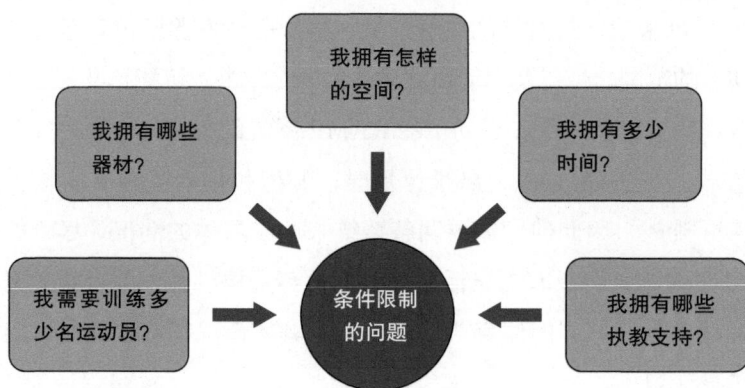

图 7.1　条件限制的问题

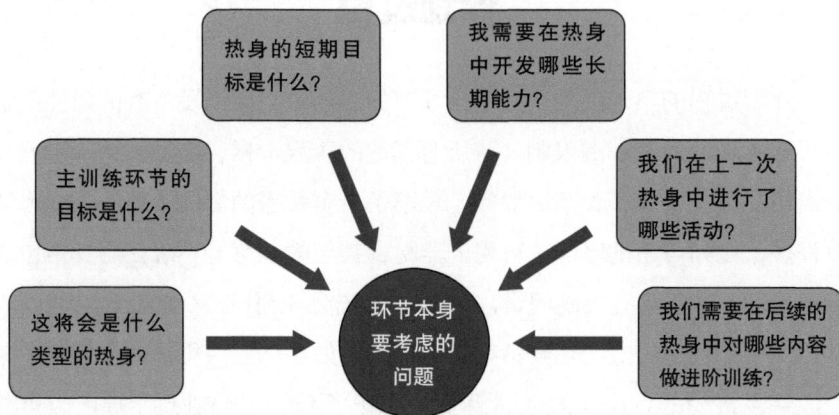

图 7.2　环节本身要考虑的问题

环节或者它具有主要的短期或长期关注点吗？理想情况下，除了让运动员为后续环节做准备之外，热身还应当包含运动表现目标的实现。这种分析还应当围绕运动员的整个运动生涯发展，即应将运动员希望开发的专项能力融入热身活动。重要的是，该计划应当是有一定顺序的，并且在多种热身训练中都可以引入技术部分并进行进阶。也就是说，有效热身活动的计划必须是一个有顺序的进阶过程，而不是一系列没有关联的碎片事件。

　　一旦设立了整体目标，便可以关注训练内容本身了。这与传统的热身计划大不相同，传统理念中的热身活动是孤立计划的，经常没有明确的发展目标，并且通常与之前和后续的训练缺乏关联。而这正是 RAMP 系统的优势，该系统中的所有训练内容都进行了策略性的选择，能同时实现短期和较长期的目标（见图 7.3）。我们根据每一环节的目标和运动员的能力来选择训练内容，目的是确保每项训练都明确地达到环节目标，并且适合运动员的能力，从而为其提供恰当的挑战与进步空间。技术和动作的进步在 RAMP 系统中至关重要，这也需要合适的挑战水平，该挑战将会显著影响由 RAMP 热身所带来的进步机会。

　　具备了这个明确的目标，便可以确定三个阶段的时间分配。例如，加速型的热身可能需要 5 分钟来提升、5 分钟来激活与调动、10 分钟来增强。

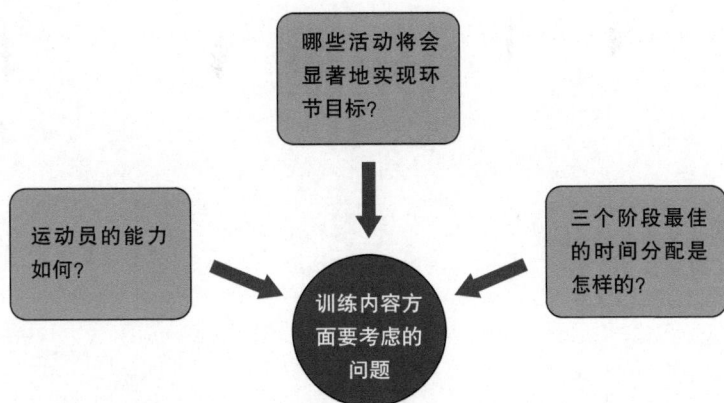

图 7.3　训练内容方面要考虑的问题

提升阶段

　　本阶段首先要确定训练目标是动作型、技术型，还是组合型。这将对选择最适合本阶段的组织布局和本阶段的训练内容起到决定性作用。这个阶段应当决定如何组织训练动作，以确保在整个阶段中有恰当的强度和递进的挑战。图 7.4 展示了一个决定提升阶段训练计划的思维过程示例。

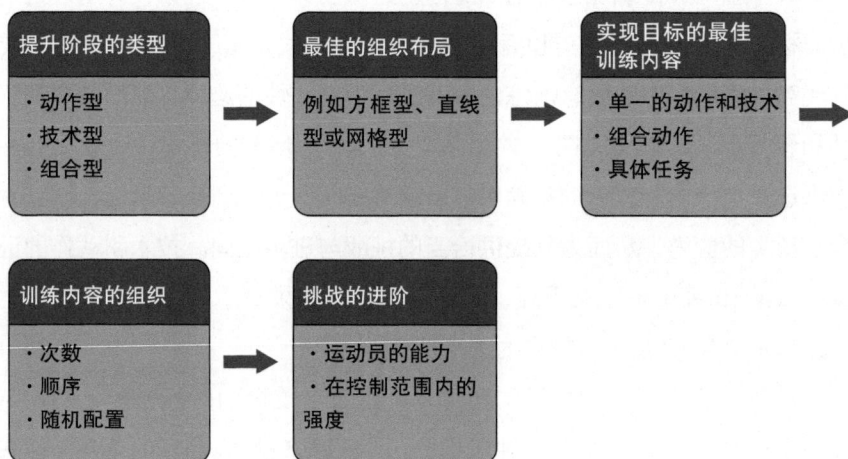

提升阶段的类型	最佳的组织布局	实现目标的最佳训练内容
·动作型 ·技术型 ·组合型	例如方框型、直线型或网格型	·单一的动作和技术 ·组合动作 ·具体任务

训练内容的组织	挑战的进阶
·次数 ·顺序 ·随机配置	·运动员的能力 ·在控制范围内的强度

图 7.4　为提升阶段做决定的流程

激活与调动阶段

本阶段开始时应当评估下一个环节需要的动作模式以及完成该动作是否需要进行调动训练。例如，高速训练的环节通常需要关注屈髋、伸展模式和腘绳肌肌腱的调动。一旦考虑了这些方面，注意力便可以放到较长期的决定上面，特别是存在需要关注的激活模式及需要提高的关键动作模式的时候。这些考虑因素将决定所选的动作模式的类型。接着需要关注运动员完成这些模式的能力以确保训练为运动员提供了适当的挑战，还应当关注是否要包含组合模式。图 7.5 展示了一个决定激活与调动阶段训练计划的思维过程示例。

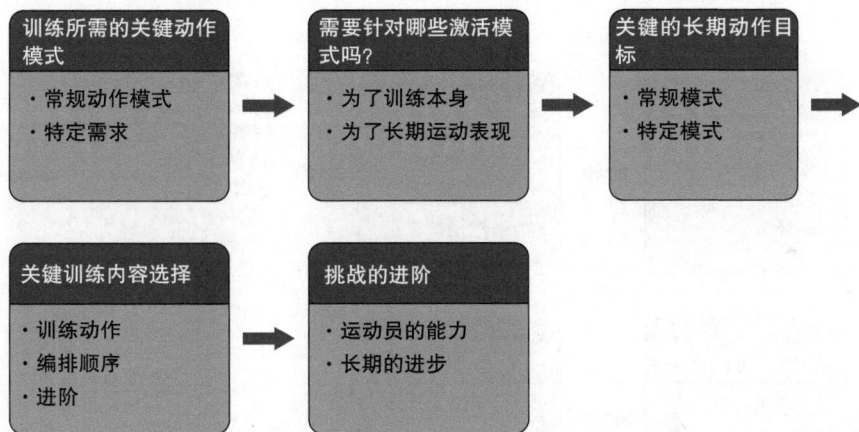

训练所需的关键动作模式	需要针对哪些激活模式吗?	关键的长期动作目标
·常规动作模式 ·特定需求	·为了训练本身 ·为了长期运动表现	·常规模式 ·特定模式

关键训练内容选择	挑战的进阶
·训练动作 ·编排顺序 ·进阶	·运动员的能力 ·长期的进步

图 7.5 为激活与调动阶段做决定的流程

增强阶段

　　该阶段的计划很大程度上取决于该阶段是被视作准备活动还是主训练环节。不论哪种用法，首先需要考虑的是训练目标及实现该目标的训练内容。运动员应当为下一个环节中可能出现的所有活动进行恰当的准备。额外需要注意的是，有些训练内容可能并不是下一个环节的一部分，但却对运动员的整体发展起着至关重要的作用。例如，加速可能不是下一个环节的关注点，但是加速训练可能是在整个训练周期内唯一提供此刺激的机会。一旦选定了训练内容，便需要对这些内容加以组织，从而为强度和挑战的合理发展建立起一个顺序性的架构。图 7.6 展示了一个决定增强阶段训练计划的思维过程示例。

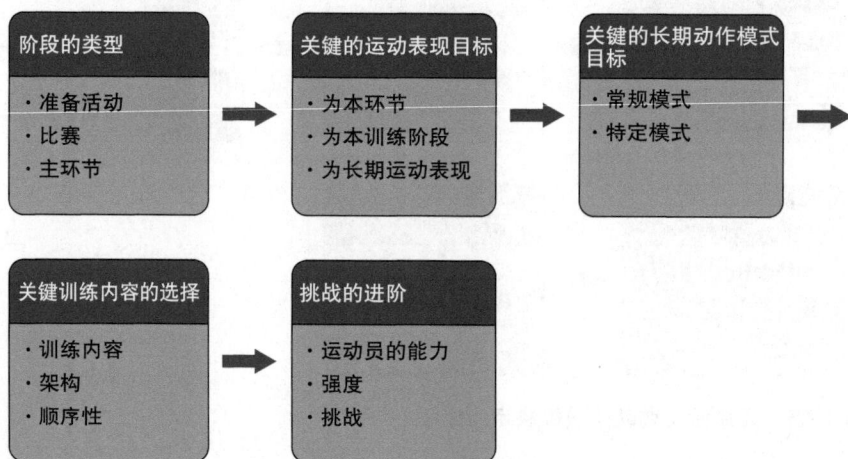

图 7.6 为增强阶段做决定的流程

热身活动示例

表 7.1~ 表 7.5 提供了示例来说明在从基本运动能力到专项体育的不同场景下，如何使用决策过程来设计和执行热身计划。我们的目标并不是列出一份冗长的热身列表，而是介绍决策过程。

可返回参考第 4~6 章来回顾完整的训练和动作描述。

表 7.1　跑步节奏的热身活动示例

阶段	设置	训练内容	额外的细节
提升	直线型设置（20米）	脚踝训练 ×2	
		小幅度蹦跳	通过屈髋，将脚抬至小腿中间位置，从脚踝训练转变为小幅度蹦跳训练
		"A"训练（单腿切换）×4	次最大用力程度
		姿势跑 ×5	低强度运动，从约 40% 的用力程度逐渐增加至约 70% 的用力程度
激活与调动	直线型设置（15米）	小腿行走 + 肩部旋转 单腿屈膝 反弓步 单腿硬拉 下蹲和伸手 登山者	
增强		加速跑 6×60 米	最后 4 次训练的最后部分应当达到 100% 的速度
		折返跑 3×60 米	在 40 米的距离内增加至最大速度，在 40~50 米的区间内专注于保持放松的高速跑步姿势，接着尽力在最后的 10 米内再加速

表 7.2 加速的热身活动示例（网球）

阶段	设置	训练内容	额外的细节
提升	直线型设置，5米处有额外的圆锥筒	前进至中途并加速离开	每个动作4次（每次改变转动的方向）
		前进至中途并加速离开	
		侧滑步至中途，转髋并加速离开	
		后退至中途，后撤步并加速离开	
激活与调动		脚跟—脚趾重心切换	
		平板支撑 + 伸手	
		侧弓步	
		反弓步 + 冠状面旋转	
		单腿屈膝至单腿硬拉	
		尺蠖爬行 + 旋转	
增强		墙壁训练：单次切换	
		墙壁训练：3次切换	
		起始姿势启动	以逐渐加快的速度完成5×15米跑
		丢球10米	向前4次，向侧面8次，向后6次

表 7.3 变向的热身活动示例（橄榄球）

阶段	设置	训练内容	额外的细节
提升	三叉型设置	三叉型动作模式 2	每个方向各 2 次
		三叉型动作模式 4	4 次
		三叉型动作模式 3	每个方向各 4 次
		三叉型动作模式 3，在向反方向外切之前先进行虚晃（比如碎步或晃动身体）	每个方向各 3 次
激活与调动		小腿行走 + 肩部旋转	
		速滑式弓步	
		登山者	
		单腿硬拉	
		下蹲 + 侧移	
增强		滚动启动	5×20 米
		侧滑步并稳住	每侧各 4 次
		调整步与外切	每侧各 4 次
		朝目标加速	每侧各 4 次
		虚晃外切并冲向篮筐（根据专项运动的场景调整）	6 次尝试

表 7.4　防守模式的热身活动示例（篮球）

阶段	设置	训练内容	额外的细节
提升	方框型设置	动作组合提高模式 A	每个模式各 4 次
		动作组合提高模式 C	
		动作组合提高模式 D	
激活与调动		下蹲和重心移动	
		侧弓步	
		弓步 + 水平面旋转	
		单腿屈膝 + 内旋	
		单腿膝盖屈伸	
		平板支撑 + 对侧手脚接触	
增强		墙壁弹球训练	5×5 次抛球
		侧滑步外切并跑开	5×4 秒
		镜像侧滑步外切并跑开（根据搭档的动作而改变方向）	6×5 秒
		虚晃外切并冲向篮筐（专注于提升防守人员阻止对手冲向篮筐的能力）	6×5 秒
		比赛场景：护球	进攻球员在防守球员贴身防守下拿球后完成投篮或迅速摆脱防守

表 7.5 运球技术的热身活动示例（足球）

阶段	设置	训练内容	额外的细节
提升	网格型设置	基本的运球	球员在网格内四处运球
		挑战性的运球	球员沿着场地边缘带球，但是需要不断地增加带球的难度，比如用双脚带球、脚弓或外脚背触球带球、脚底触球带球等
		防止抢球	去掉 2~3 名球员的足球，让他们尽力去抢持球球员的足球
激活与调动		小腿行走 + 肩部旋转	
		下蹲和重心移动	
		尺蠖爬行 + 旋转	
		侧弓步	
增强	直线型设置，每端各有 3 名球员	有控制地运球	在将球传给搭档之前，先有控制地运球 10 米
		快速运球	在将球传给搭档之前，尽可能快地运球 10 米
	其中 2 名球员排成 2 队，距离球门 25 米，另外一名球员位于防守区域	运球、传球并跑位	运球 2~3 米，将球传给球员或教练，向前加速，接球并射门
	有各种设置可供使用，但是要设置 3 队球员：一队传球，一队接球，另一队防守（球员在各队之间轮换）	接到传球并射门	接到队友的传球，进攻一名防守人员，采取行动并尽力射门

参考文献

Andersen, J.C. Stretching before and after exercise: Effect on muscle soreness and injury risk. *J Athl Train* 40(3):218-220, 2005.

Asmussen, E., F. Bonde-Peterson, and K. Jorgenson. Mechano-elastic properties of human muscles at different temperatures. *Acta Physiol Scand* 96:86-93, 1976.

Bandy, W.D., J.M. Irion, and M. Briggler. The effect of static stretch and dynamic range of motion training on the flexibility of the hamstring muscles. *J Orthop Sports Phys Ther* 27(4):295-300, 1998.

Bandy, W.D., J.M. Irion, and M. Briggler. The effect of time and frequency of static stretching on flexibility of the hamstring muscles. *Phys Ther* 77(10):1090-1096, 1997.

Behm, D.G., A. Bambury, F. Cahill, and K. Power. Effect of acute static stretching on force, balance, reaction time, and movement time. *Med Sci Sports Exerc* 36(8):1397-1402, 2004.

Behm, D.G., D.C. Button, and J.C. Butt. Factors affecting force loss with prolonged stretching. *Can J Appl Physiol* 26(3):261-272, 2001.

Bergh, U., and B. Ekblom. Influence of muscle temperature on maximal strength and power output in human muscle. *Acta Physiol Scand* 107:332-337, 1979.

Bishop, D. Warm-up I: Potential mechanisms and the effects of passive warm-up on performance. *Sports Med* 33(6):439-454, 2003.

Bishop, D. Warm-up II: Performance changes following active warm-up and how to structure the warm-up. *Sports Med* 33(7):483-498, 2003.

Blazevich, A.J., D. Cannavan, C.M. Waugh, F. Fath, S.C. Miller, and A.D. Kay. Neuromuscular factors influencing the maximum stretch limit of the human plantar flexors. *J Appl Physiol* 113(9):1446-55, 2012.

Burkett, L.N., W.T. Phillips, and J. Ziuraitis. The best warm-up for the vertical jump in college-age athletic men. *J Strength Cond Res* 19(3):673-676, 2005.

Church, J.B., M.S. Wiggins, F.M. Moode, and R. Crist. Effect of warm-up and flexibility treatments on vertical jump performance. *J Strength Cond Res* 15(3):332-336, 2001.

Cipriani, D., B. Abel, and D. Pirrwitz. A comparison of two stretching protocols on hip range of motion: Implications for total daily stretch duration. *J Strength Cond Res* 17(2):274-278, 2003.

Condon, S.M., and R.S. Hutton. Soleus muscle electromyographic activity and ankle dorsiflexion range of motion during four stretching procedures. *Phys Ther* 67:24-30, 1987.

Cook, G. *Movement: Functional Movement Systems: Screening Assessment and Corrective Strategies*. Aptos CA: On Target Publications, 2010.

Cornwell, A., A.G. Nelson, and B. Sidaway. Acute effects of stretching on the neuromechanical properties of the triceps surae muscle complex. *Eur J Appl Physiol* 86(5):428-434, 2002.

Cramer, J.T., T.J. Housh, J.W. Coburn, T.W. Beck, and G.O. Johnson. Acute effects of static stretching on maximal eccentric torque production in women. *J Strength Cond Res* 20(2):354-358, 2006.

Cramer, J.T., T.J. Housh, G.O. Johnson, J.M. Miller, J.W. Coburn, and T.W. Beck. Acute effects of static stretching on peak torque in women. *J Strength Cond Res* 18(2):236-241, 2004.

Cramer, J.T., T.J. Housh, J.P. Weir, G.O. Johnson, J.W. Coburn, and T.W. Beck. The acute effects of static stretching on peak torque, mean power output, electromyography, and mechanomyography. *Eur J Appl Physiol* 93(5-6):530-539, 2005.

Enoka, R.M. *Neuromechanics of Human Movement,* 4th Ed. Champaign, IL: Human Kinetics, 2008.

Evetovich, T.K., N.J. Nauman, D.S. Conley, and J.B. Todd. Effect of static stretching of the biceps brachii on torque, electromyography, and mechanomyography during concentric isokinetic muscle actions. *J Strength Cond Res* 17(3):484-488, 2003.

Faigenbaum, A.D., M. Bellucci, A. Bernieri, B. Bakker, and K. Hoorens. Acute effects of different warm-up protocols on fitness performance in children. *J Strength Cond Res* 19(2):376-381, 2005.

Fradkin, A.J., B.J. Gabbe, and P.A. Cameron. Does warming up prevent injury in sport? The evidence from randomised controlled trials. *J Sci Med Sport* 9(3):214-220, 2006.

Fradkin, A.J., T.R. Zazryn, and J.M. Smolig. Effects of warming up on physical performance: A systematic review with meta-analysis. *J Strength Cond Res* 24:1. 140-148, 2010.

Gleim, G.W., and M.P. McHugh. Flexibility and its effects on sports injury and performance [review]. *Sports Med* 24(5):289-299, 1997.

Gremion, G. Is stretching for sports performance still useful? A review of the literature. *Rev Med Suisse* 27:1(28):1830-1834, 2005.

Hart, L. Effect of stretching on sport injury risk: A review. *Med Sci Sports Exerc* 36:371-378, 2004.

Herbert, R.D., and M. Gabriel. Effects of stretching before and after exercise on muscle soreness and risk of injury: A systematic review. *Br Med J* 325:468-470, 2002.

Jeffreys, I. *Gamespeed: Movement Training for Superior Sports Performance*. Monterey CA. Coaches Choice, 2009.

Jeffreys, I. *Gamespeed: Movement Training for Superior Sports Performance,* 2nd Ed. Monterey CA. Coaches Choice, 2017.

Jeffreys, I. A motor development approach to enhancing agility, part one. *Strength Cond J* 28(5)72-76, 2006.

Jeffreys, I. A motor development approach to enhancing agility, part two. *Strength Cond J* 28(6)10-14, 2006.

Jeffreys, I. Optimising speed and agility development using target classifications and motor control principles, part one. *Professional Strength and Conditioning* 3:11-14, 2006.

Jeffreys, I. Optimising speed and agility development using target classifications and motor control principles, part two. *Professional Strength and Conditioning* 4:12-17, 2006.

Jeffreys, I. RAMP warm-ups: More than simply short-term preparation. *Professional Strength and Conditioning* 44:17-23, 2017.

Jeffreys, I. Warm-up revisited: The ramp method of optimizing warm-ups. *Professional Strength and Conditioning* 6:12-18, 2007.

Jeffreys, I. Warm-up and stretching. In Haff, G.G., and Triplett, N.T., *Essentials of Strength Training and Conditioning,* 4th Ed. Champaign IL: Human Kinetics, 2016.

Kay, A.D, and A.J. Blazevich. Effect of acute static stretching on maximal muscle performance: A systematic review. *Med Sci Sports Exerc* 44(1):154-164, 2012.

Magnusson, S.P., E.B. Simonsen, P. Aagaard, J. Boesen, F. Johannsen, and M. Kjaer. Determinants of musculoskeletal flexibility: Viscoelastic properties, cross-sectional area, EMG and stretch tolerance. *Scand J Med Sci Sports* 7:195-202, 1997.

Mahieu, N.N., P. McNair, M. De Muynck, V. Stevens, I. Blanckaert, N. Smits, and E. Witvrouw. Effect of static and ballistic stretching on the muscle-tendon tissue properties. *Med Sci Sports Exerc* 39:494-501, 2007.

Mann, D.P., and M.T. Jones. Guidelines to the implementation of a dynamic stretching program. *Strength Cond J* 21(6):53-55, 1999.

Marek, S.M., J.T. Cramer, A.L. Fincher, L.L. Massey, S.M. Dangelmaier, S. Purkayastha, K.A. Fitz, and J.Y. Culbertson. Acute effects of static and proprioceptive neuromuscular facilitation stretching on muscle strength and power output. *J Athl Train* 40(2):94-103, 2005.

Massis, M. Flexibility: The missing link in the power jigsaw. *Professional Strength and Conditioning* 14:16-19, 2009.

McArdle, W.D., F.I. Katch, and V.L. Katch. *Exercise Physiology: Energy, Nutrition and Human Performance,* 6th Ed. Baltimore, MD: Lippincott, Williams & Wilkins, 2007.

Nelson, A.G., J. Kokkonen, and D.A. Arnall. Acute muscle stretching inhibits muscle strength endurance performance. *J Strength Cond Res* 19(2):338-343, 2005.

Pope, R.P., R.D. Herbert, J.D. Kirwan, and B.J. Graham. A randomised trial of pre-exercise stretching for prevention of lower limb injury. *Med Sci Sports Exerc* 32:271-277, 2000.

Power, K., D. Behm, F. Cahill, M. Carroll, and W. Young. An acute bout of static stretching: Effects on force and jumping performance. *Med Sci Sports Exerc* 36(8):1389-1396, 2004.

Sady, S.P., M. Wortman, and D. Blanket. Flexibility training: Ballistic, static or proprioceptive neuromuscular facilitation? *Arch Phys Med Rehabil* 63(6):261-263, 1992.

Safran, M.R., W.E. Garrett, A.V. Seaber, R.R. Glisson, and B.M. Ribbeck. The role of warm-up in muscular injury prevention. *Am J Sports Med* 16(2):123:128, 1988.

Shrier, I. Does stretching improve performance? A systematic and critical review of the literature [review]. *Clin J Sport Med* 14(5):267-273, 2004.

Shrier, I. Meta-analysis on pre-exercise stretching. *Med Sci Sports Exerc* 36(10):1832, 2004.

Shrier, I. Stretching before exercise: An evidence based approach. *Br J Sports Med* 34(5):324-325, 2000.

Shrier, I. Stretching before exercise does not reduce the risk of local muscle injury: A critical review of the clinical and basic science literature. *Clin J Sport Med* 9(4):221-227, 1999.

Wallmann, H.W., J.A. Mercer, and J.W. McWhorter. Surface electromyographic assessment of the effect of static stretching of the gastrocnemius on vertical jump performance. *J Strength Cond Res* 19(3):684-688, 2005.

Witvrouw, E., N. Mahieu, L. Danneels, and P. McNair. Stretching and injury prevention: An obscure relationship. *Sports Med* 34(7):443-449, 2004.

Yamaguchi, T., and K. Ishii. Effects of static stretching for 30 seconds and dynamic stretching on leg extension power. *J Strength Cond Res* 19(3):677-683, 2005.

Young, W.B., and D.G. Behm. Effects of running, static stretching and practice jumps on explosive force production and jumping performance. *J Sports Med Phys Fitness* 43(1):21-27, 2003.

Young, W.B., and D.G. Behm. Should static stretching be used during a warm up for strength and power activities? *Strength Cond J* 24(6):33-37, 2002.

作者简介

伊恩·杰弗里斯（Ian Jeffreys），博士，ASCC，CSCS*D，NSCA-CPT*D，RSCC*E，FUKSCA，FNSCA，是英国杰出和称职的力量与体能训练教练之一。他是南威尔士大学的力量与体能训练教授，负责大学里所有的力量与体能训练。他曾与世界范围内各种水平（从初级到专业级别）的运动员、俱乐部和体育机构合作过。

杰弗里斯是 ALL-Pro Performance 公司的所有人，这是一家总部位于威尔士布雷肯的专注于提升运动表现的公司。杰弗里斯是英国力量与体能训练协会（UKSCA）的创始人之一，并且是该组织指定的首位力量与体能训练认证教练（ASCC）。杰弗里斯是 UKSCA 的高级评判员和高级导师，并在2004—2013 年间被选为董事会成员。2015 年，他被 UKSCA 授予了荣誉会员以表彰他对行业的影响。

他自 1989 年以来一直是美国国家体能协会（NSCA）的会员。杰弗里斯目前是 NSCA 的董事会成员和副主席。他是一名注册力量与体能训练荣誉教练（RSCC*E）；还是一名力量与体能训练认证专家（CSCS），以优异的成绩重新通过了 NSCA 的认证；同时也是 NSCA 认证私人教练（NSCA-CPT），同样以优异的成绩重新通过了认证。杰弗里斯是 2006 年 NSCA 的年度高校专业人士，并在 2009 年被组织授予了董事职位。

杰弗里斯写了很多篇有关力量与体能训练的文章，都被刊载在国际一流的杂志上面。他是 UKSCA 杂志《专业力量与体能训练》的编辑，并

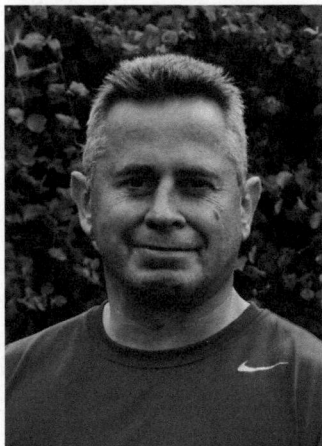

且是《力量与体能训练杂志》与《力量与体能训练研究杂志》的编辑部成员。他已经编著了 7 本书，并协助完成了 NSCA 的 *NSCA's Essentials of Strength Training and Conditioning* 一书的热身与伸展章节。

杰弗里斯是一名广受欢迎的演讲者，他在世界各地的大型会议上做过主题发言并举办过高效运动表现的研讨会。他的专长是提升速度与敏捷性。

译者简介

杨斌

卡玛效能运动科技创始人

有氧训练专家 | 标准制定者

卡玛效能 | 精准系列课程创始人

精准评估 Precision Assessment™

精准训练 Precision Training®

精准减脂 Precision Weight Loss®

精准力量 Precision Strength™

精准伸展 Precision Stretching®

精准营养 Precision Nutrition®

精准康复 Precision Rehabilitation™

卡玛效能精准减脂管理软件创始人

曾任 ACSM(美国运动医学会) | NSCA (美国国家体能协会) | ISSA (国际运动科学协会) 中国区讲师

国家体育总局行业职业技能鉴定专家委员会专家

CCTV-5 特邀运动健康专家 | 北京特警总队体能顾问

NIKE 签约十年资深教练

著有《家庭健身训练图解》

译有《精准拉伸：疼痛消除和损伤预防的针对性练习》《整体拉伸：3 步提升全身柔韧性、灵活性和力量（全彩图解第 2 版）》《拉伸致胜：基于柔韧性评估和运动表现提升的筋膜拉伸系统》《周期力量训练（第 3 版）》等作品

刘超

卡玛效能运动科技项目负责人

精准训练 Precision Training® 联合创始人

NIKE 中国区签约教练

美国 ACE 私人教练认证

国家一级田径、健美操运动员

具有 13 年一线私教教学经验

在国内率先将功能性训练理念融入大众健身，并针对中国健身人群设计出 PT-M 精准训练模型，为健身教练提供了最便捷高效的课程教授技巧

管筱筱

上海交通大学海外教育学院 EMBA

自由私人教练

自由撰稿人、翻译

曾任上海胜军投资管理有限公司及旗下品牌 V+ Fitness 合伙人和副总裁